U0945707

高等职业教育“十三五”规划教材

成本会计习题集

主　编　王　琼　周　敏
副主编　张　帆　李彩芳　付慧莲

图书在版编目（CIP）数据

成本会计习题集/王琼，周敏主编．—北京：中国轻工业出版社，2016.1

高等职业教育“十三五”规划教材

ISBN 978-7-5184-0703-3

Ⅰ．①成…　Ⅱ．①王…②周…　Ⅲ．①成本会计—高等职业教育—习题集　Ⅳ．①F234.2-44

中国版本图书馆 CIP 数据核字（2015）第 307792 号

责任编辑：张文佳　　责任终审：劳国强　　封面设计：锋尚设计
版式设计：锋尚设计　　责任校对：晋　洁　　责任监印：张　可

出版发行：中国轻工业出版社（北京东长安街 6 号，邮编：100740）
印　　刷：三河市万龙印装有限公司
经　　销：各地新华书店
版　　次：2016 年 1 月第 1 版第 1 次印刷
开　　本：720×1000　1/16　印张：12
字　　数：240 千字
书　　号：ISBN 978-7-5184-0703-3　定价：28.00 元
邮购电话：010-65241695　传真：65128352
发行电话：010-85119835　85119793　传真：85113293
网　　址：http://www.chlip.com.cn
Email：club@chlip.com.cn
如发现图书残缺请直接与我社邮购联系调换
150923J2X101ZBW

前　言
PREFACE

随着经济的发展及企业经营管理要求的不断提高，成本会计正发挥着越来越重要的作用。成本会计是会计学科的重要组成部分，同时也是会计专业核心课程之一。本书的编写吸收了我国会计工作和会计教学的实践经验以及同类教材的优点，针对主教材《成本会计》的内容，采用不同题型进行多角度练习，有助于学生在较短的时间内理解教材的重点、难点内容，进而系统地掌握成本的基本理论与成本核算的基本技能。

本书题型包括名词解释、单项选择题、多项选择题、判断题、计算题和简答题六种形式，旨在加强学生对成本会计基本理论的学习和训练学生的专业能力。

本书可作为高职高专院校会计专业及其他相关专业教材，也可作为财会人员及有关人员的培训和自学用书。

本书由王琼、周敏担任主编，张帆、李彩芳、付慧莲担任副主编，具体分工如下：王琼完成全书统稿工作和第七、八、九、十章的编写；周敏完成第一、二、十一、十二章的编写；张帆完成第五、六章的编写；李彩芳完成第三、四章的编写；付慧莲完成第十三章的编写。周敏参加了编写大纲的讨论，全书最后由王琼修改总纂后定稿。

本书在编写的过程中，得到了中国轻工业出版社的各位编辑的大力支持，在此表示感谢。由于编者水平有限，加之时间仓促，且涉及内容较多，书中难免有不足之处，诚盼读者批评指正。

编者

2015 年 10 月

目　录
CONTENTS

第一部分　习　　题

第二部分　参 考 答 案

第一部分　习　题

第一章　总　论

一、名词解释

1. 成本　　2. 成本会计

3. 成本计划　　4. 成本核算

5. 支出　　6. 费用

二、单项选择题

1. 产品的理论成本由(　　)构成。

A. 耗费的生产资料的价值

B. 劳动者为社会创造的价值

C. 劳动者为自己的劳动所创造的价值

D. 以上的 A 和 C

2. 成本会计最基本的职能是(　　)。

A. 成本预测　　B. 成本决策

C. 成本核算　　D. 成本控制

3. 下列项目中不能计入产品成本的费用是(　　)。

A. 车间管理人员工资及福利费　　B. 生产产品支付的材料费用

C. 生产工人的工资及福利费　　D. 企业管理人员的工资及福利费

4. 企业在成本分析的基础上，定期对成本计划及其有关指标实际完成情况进行考察和评价，该环节被称为(　　)。

A. 成本预测　　B. 成本决策

C. 成本控制　　D. 成本考核

5. 产品成本是指企业生产一定种类、一定数量的产品所支出的各项(　　)。

A. 生产费用之和　　B. 生产经营管理费用总和
C. 经营管理费用总和　　D. 料、工、费及经营费用总和

6. 制造成本是指为制造产品而发生的各种费用的总和，包括(　　)。
A. 直接材料、直接人工和制造费用
B. 直接材料、直接人工和期间费用
C. 直接材料、直接人工
D. 全部制造费用和期间费用

7. 成本会计最基本的任务和中心环节是(　　)。
A. 进行成本预测，编制成本计划
B. 审核和控制各项费用的支出
C. 进行成本核算，提供实际成本的核算资料
D. 参与企业的生产经营决策

8. 一般来说，实际工作中的成本开支范围与理论成本的内容(　　)。
A. 是相互一致的　　B. 有一定差异
C. 是不相关的　　D. 是可以相互替代的

9. 成本的经济实质是(　　)。
A. 生产经营过程中所耗费生产资料转移价值的货币表现
B. 劳动者为自己劳动所创造价值的货币表现
C. 企业在生产经营过程中所耗费的资金的总和
D. 劳动者为社会劳动所创造价值的货币表现

10. 产品的加工成本是指(　　)。
A. 直接材料和直接工资之和　　B. 直接材料和制造费用之和
C. 直接工资和制造费用之和　　D. 直接工资

11. 既是成本预测的结果，又是制订成本计划的依据，从而实现成本的事前控制的职能是(　　)。
A. 成本计划　　B. 成本决策
C. 成本核算　　D. 成本考核

12. 现代成本会计的对象可以概括为(　　)。
A. 各行业企业生产经营业务的成本
B. 各行业企业有关的经营管理费用
C. 各行业企业生产经营业务的成本和有关的期间费用
D. 各行业企业生产经营业务的成本、有关的期间费用和各项专项成本

13. 集中核算方式和分散核算方式是指(　　)的分工方式。
A. 企业内部各级成本会计机构　　B. 企业内部成本会计职能

C. 企业内部成本会计对象　　　　D. 企业内部成本会计任务

14. 在实际工作中，下列不属于理论成本范畴的支出，但应列入产品成本的是(　　)。

A. 行政管理人员薪酬支出　　　　B. 购置和建造无形资产支出

C. 企业赞助、捐赠支出　　　　D. 废品损失和停工损失

三、多项选择题

1. 产品成本的作用有(　　)。

A. 产品成本是补偿生产耗费的尺度

B. 产品成本是综合反映企业工作质量的重要指标

C. 产品成本是制定产品价格的一项重要因素

D. 产品成本是企业进行决策的重要依据

2. 一般来说，企业应根据本单位(　　)等具体情况与条件来组织成本会计工作。

A. 生产规模的大小　　　　B. 生产经营业务的特点

C. 成本计算方法　　　　D. 企业机构的设置

3. 下列各项支出中，应计入产品成本的支出有(　　)。

A. 生产车间机器设备的折旧费用　　　　B. 生产工人的薪酬

C. 销售人员的薪酬　　　　D. 银行借款的利息费用

4. 下列各项中，属于成本会计职能的有(　　)。

A. 成本预测职能　　　　B. 成本决策职能

C. 成本控制职能　　　　D. 成本分析职能

5. (　　)是成本事前规划的具体手段。

A. 成本分析　　　　B. 成本决策

C. 成本计划　　　　D. 成本考核

6. 期间费用是指(　　)。

A. 销售费用　　　　B. 财务费用

C. 材料费用　　　　D. 管理费用

7. 为方便成本核算工作的开展，需要把成本要素划分为(　　)进行成本组织核算。

A. 管理费用　　　　B. 材料成本

C. 人工成本　　　　D. 间接费用成本

8. 下列各项属于成本开支范围的是(　　)。

A. 为制造产品而消耗的材料费用、动力费用

B. 企业行政管理部门为管理和组织生产而发生的各项费用

C. 企业生产单位为管理和组织生产而发生的各项费用

D. 企业生产经营活动中筹集和使用资金而发生的各项费用

9. 成本会计工作的组织包括(　　)。

A. 成本会计制度　　B. 成本会计人员

C. 成本会计机构　　D. 成本会计准则

10. 下列关于成本会计、财务会计和管理会计之间的关系的描述中，正确的有(　　)。

A. 成本会计提供的成本信息既可以为财务会计编制财务报表之用，也可满足企业内部管理人员进行决策或业绩评价的需要

B. 就财务报表的编制而言，成本会计附属于财务会计

C. 从管理角度来看，成本会计也是管理会计的一个组成部分

D. 财务会计与管理会计，两者都必须依赖于成本会计系统所提供的信息

四、判断题

1. 成本是一种补偿价值，需要补偿的是一定期间内企业发生的全部支出额。(　　)

2. 成本是为实现一定目的而发生的耗费，是对象化的耗费。(　　)

3. 实际工作中，确定成本的开支范围应以成本的经济实质为理论依据。(　　)

4. 成本预测是成本决策的结果，正确的成本决策是进行成本预测的前提。(　　)

5. 工业企业发生的各项费用都应计入产品成本。(　　)

6. 成本核算是成本会计的基础。(　　)

7. 企业生产单位因生产原因发生的废品损失和停工损失，不得列入产品成本中。(　　)

8. 从理论上讲，商品价值中的补偿部分，就是商品的理论成本。(　　)

9. 成本控制应包括事前成本控制和事中成本控制。(　　)

10. 企业应当根据国家有关法令、法规，并结合企业实际情况来制定自己的成本会计工作制度或方法。(　　)

11. 只有制造业才有成本会计。(　　)

12. 在成本会计工作组织上，大中型企业一般采用分散工作方式，小型企业一般采用集中工作方式。(　　)

13. 企业在经营过程中发生的各项经营管理费用，应计入产品成本。(　　)

14. 凡有经济活动的地方，就有成本的存在。(　　)
15. 成本预测是成本会计的基础。(　　)
16. 企业一定时期的生产费用等于同一时期的产品成本。(　　)
17. 成本是指企业为生产产品、提供劳务而发生的各种耗费。(　　)

五、简答题

1. 试说明理论成本与现实成本的主要区别。
2. 结合工业企业的特点，说明成本会计的对象。
3. 成本会计的反映职能和监督职能具体表现在哪些方面?
4. 简述成本会计的任务。
5. 简述成本会计的作用。
6. 简述成本会计工作组织应遵循的原则。

第二章 成本核算的要求和程序

一、名词解释

1. 外购材料
2. 直接材料
3. 直接人工
4. 制造费用
5. 生产经营管理费用
6. 生产费用
7. 期间费用
8. 直接生产费用
9. 直接计入费用

二、单项选择题

1. 生产经营费用按其经济用途可分为(　　)。

A. 计入产品成本的生产费用和计入当期损益的期间费用

B. 直接计入费用和间接计入费用

C. 直接费用和间接费用

D. 基本计入费用和一般费用

2. 下列属于要素费用的是(　　)。

A. 直接材料　　B. 外购动力

C. 直接人工　　D. 制造费用

3. 生产费用分为直接生产费用和间接生产费用是按(　　)分类的结果。

A. 计入产品成本的方法　　B. 费用经济用途

C. 生产工艺关系　　D. 费用发生地点

4. 为了保证按每个成本计算对象正确地归集应负担的费用，必须将应由本期产品负担的生产费用正确地在(　　)。

A. 各种产品之间进行分配

B. 完工产品和在产品之间进行分配

C. 盈利产品与亏损产品之间进行分配

D. 可比产品与不可比产品之间进行分配

5. 下列各项中，属于产品生产成本项目的是(　　)。

A. 职工薪酬　　B. 外购燃料

C. 制造费用　　D. 折旧费用

6. 成本项目是指按其(　　)的分类。

A. 经济用途　　B. 与生产工艺的关系

C. 经济内容　　D. 与产品产量的关系

7. 为核算企业进行各种产品、自制半成品等的生产所发生的各项费用，应设置(　　)账户。

A. 管理费用　　B. 制造费用

C. 生产成本　　D. 辅助生产成本

8. 在下列各项目中，属于制造费用的是(　　)。

A. 产品耗用原料费用　　B. 产品耗用动力费用

C. 生产工人工资　　D. 机器设备折旧费用

9. 下列各项中属于直接生产费用的是(　　)。

A. 机物料消耗　　B. 原材料费用

C. 车间厂房折旧费用　　D. 辅助生产工人工资薪酬

10. 用来核算企业为生产产品和提供劳务而发生的各项间接费用的账户是(　　)。

A. 基本生产成本　　B. 制造费用

C. 管理费用　　D. 财务费用

11. 下列不应计入产品成本的费用是(　　)。

A. 直接用于产品生产构成产品实体的原材料

B. 专设销售机构人员的工资及福利费

C. 生产车间固定资产的折旧费

D. 生产过程中发生的废品损失

12. 下列各项中应计入管理费用的是(　　)。

A. 银行借款的利息支出　　B. 销售机构的办公费

C. 企业的职工教育经费　　D. 车间管理人员的工资

13. 下列各项中，不能计入产品成本的是(　　)。

A. 企业行政管理部门人员的工资　　B. 车间生产工人的工资

C. 车间生产用设备的折旧费　　D. 车间辅助人员的工资

14. 下列费用中，属于直接计入费用的是(　　)。

A. 几种产品负担的制造费用

B. 几种产品共同耗用的原材料费用

C. 一种产品耗用的生产工人工资

D. 几种产品共同耗用的机器设备折旧费

15. 根据工业企业费用要素的划分，下列各项中不属于“外购材料”项目的有(　　)。

A. 外购半成品　　B. 外购修理用配件

C. 外购周转材料　　D. 外购燃料

16. 下列各项中，属于我国工业企业费用要素的是(　　)。

A. 制造费用　　B. 修理费

C. 管理费用　　D. 直接材料

17. 下列项目中，不属于产品成本项目的是(　　)。

A. 废品损失　　B. 制造费用

C. 直接材料　　D. 职工薪酬

18. 企业为生产产品发生的原料及主要材料的耗费，应计入(　　)。

A. 基本生产成本　　B. 辅助生产成本

C. 管理费用　　D. 制造费用

19. 下列各项中，不应计入制造费用的是(　　)。

A. 车间管理人员的工资　　B. 车间办公费用

C. 车间机物料消耗　　D. 产品生产人员的工资

20. 工业企业的各种费用按其经济用途分类，其主要作用在于(　　)。

A. 可能反映在一定时期内总共发生了哪些费用，数额各是多少

B. 可以为编制企业的材料采购资金计划和劳动工资计划提供资料

C. 可以为企业核定储备资金定额和考核储备资金周转速度提供资料

D. 可以说明企业费用的具体用途，有利于核算与监督产品消耗定额和费用预算的执行情况，有利于加强成本管理和成本分析

三、多项选择题

1. 为了正确计算产品成本，必须正确划分以下几个方面的费用界限(　　)。

A. 各种产品的费用界限

B. 完工产品和在产品的费用界限

C. 盈利产品和亏损产品的费用界限

D. 各个会计期间的费用界限

2. 下列各项中，属于要素费用的是(　　)。

A. 利息费用　　B. 折旧费用

C. 外购材料　　D. 制造费用

3. 在下列各项目中，属于工业企业产品生产成本项目的是(　　)。

A. 废品损失　　B. 外购材料

C. 燃料及动力　　D. 工资

4. 为了正确计算产品成本，应做好的基础工作包括(　　)。

A. 定额的制定与修订

B. 做好原始记录工作

C. 正确选择各种分配方法

D. 材料物资的计量、收发、领退和盘点

5. 下列各项中，应计入产品成本的费用有(　　)。

A. 行政管理人员的工资　　B. 季节性停工损失

C. 车间设计制图费　　D. 在产品的盘亏损失

6. 工业企业成本核算的一般程序包括(　　)。

A. 对企业的各项支出、费用进行严格的审核和控制

B. 正确划分各个月份的费用界限，正确核算待摊费用和预提费用

C. 将生产费用在各种产品之间进行分配和归集

D. 将生产费用在本月完工产品与月末在产品之间进行分配和归集

7. 生产要素中的税金不包括(　　)。

A. 房产税　　B. 车船使用税

C. 所得税　　D. 增值税

8. 生产费用按其与生产工艺过程的关系可以分为(　　)。

A. 直接生产费用　　B. 直接计入费用

C. 间接计入费用　　D. 间接生产费用

9. 下列各项中，计入制造费用的是(　　)。

A. 车间的固定资产折旧费　　B. 车间管理人员的工资

C. 企业的业务招待费　　D. 印花税

10. 下列各项中，不计入产品成本的费用是(　　)。

A. 工人工资　　B. 销售费用

C. 财务费用　　D. 管理费用

11. 工业企业的产品成本项目一般包括(　　)。

A. 直接材料　　B. 直接人工

C. 制造费用　　D. 职工薪酬

12. 下列哪些项目是将生产费用按经济内容分类(　　)。

A. 直接材料　　B. 外购动力

C. 废品损失　　D. 职工薪酬

13. 下列各项中属于工业企业成本核算中使用的会计账户有(　　)。

A. “基本生产成本”　　B. “辅助生产成本”

C. “制造费用”　　D. “营业外支出”

14. 以下项目中，属于间接生产费用的有(　　)。

A. 生产产品的原材料　　B. 生产工人工资

C. 车间机物料消耗　　D. 技术人员工资

15. 下列项目中应当计入财务费用的有(　　)。

A. 利息支出　　B. 汇兑损失

C. 坏账损失　　D. 借款手续费

四、判断题

1. 企业计算出来的成本，既可以是实际成本，也可以是计划成本。(　　)

2. 直接生产费用既可能是直接计入费用，也可能是间接计入费用。(　　)

3. 为了尽可能地符合实际情况，厂内价格应该在年度内经常变动。(　　)

4. 生产费用按经济用途所做的分类，在会计上称为产品成本项目。(　　)

5. 因为材料是产品成本的组成部分，所以企业各部门领用的材料，都应计入产品成本。(　　)

6. 用于产品生产、照明、取暖的动力费用，应计入各种产品成本明细账的“燃料及动力”成本项目。(　　)

7. 当期生产费用均应计入当期完工产品的成本。(　　)

8. 在用同种材料生产多种产品时，直接生产费用和间接生产费用均不能直接计入产品成本。(　　)

9. 企业生产经营的原始记录，是进行成本预测、编制成本计划、进行成本核算的依据。(　　)

10. 产品成本项目是由国家统一规定的，任何企业不能变动。(　　)

五、简答题

1. 简述企业成本核算的一般要求。

2. 简述成本核算中一般应划分的几个费用界限。

3. 费用按经济性质分类可分为几大类?

4. 费用按经济用途分类可分为几大类?

5. 什么是成本项目?成本项目一般可分为几大类?

6. 简述成本核算的一般程序。

7. 工业企业成本核算主要设置哪些账户?

第三章 要素费用的核算

一、名词解释

1. 燃料
2. 外购动力
3. 职工薪酬
4. 非货币性福利
5. 计时工资
6. 计件工资

二、单项选择题

1. 企业为生产产品发生的原料及主要材料的耗费，应通过(　　)账户核算。

A. 基本生产成本　　B. 辅助生产成本

C. 管理费用　　D. 制造费用

2. 月末编制材料费用分配表时，对于退料凭证的数额，可采取(　　)。

A. 冲减有关成本费用　　B. 在下月领料数中扣除

C. 从当月领料数中扣除　　D. 不需考虑

3. 企业核算为生产产品和提供劳务而发生的各项间接费用的账户是(　　)。

A. 基本生产成本　　B. 制造费用

C. 管理费用　　D. 财务费用

4. “基本生产成本”账户月末借方余额表示(　　)。

A. 本期发生的生产费用　　B. 完工产品成本

C. 月末在产品成本　　D. 累计发生的生产费用

5. 张某本月生产甲产品 5 000 件，其中合格品 4 500 件，工废品 300 件，料废品 200 件，本月张某计算计件工资的甲产品数量是(　　)件。

A. 5 000　　B. 4 500

C. 4 800　　D. 4 700

6. 基本生产车间本期应负担照明电费 1 500 元，应计入(　　)账户。

A. “基本生产成本”（燃料动力）　　B. “制造费用”（水电费）

C. “辅助生产成本”（水电费）　　D. “管理费用”（水电费）

7. 核算每个职工的应得计件工资，主要依据(　　)的记录。

A. 工资卡片　　B. 考勤记录

C. 产量工时记录　　D. 工资单

8. 实际成本计价时，使期末结存材料价值接近市价的材料发出计价方式是(　　)。

A. 先进先出法　　B. 移动加权平均法

C. 加权平均法　　D. 个别计价法

9. 下列分配方法中，不宜作为原材料费用分配方法的是(　　)。

A. 重量分配法

B. 生产工人工时分配法

C. 定额消耗量比例分配法

D. 定额费用比例分配法

10. 不单独设置“燃料及动力”成本项目时，可将燃料费用计入(　　)成本项目。

A. 直接材料　　B. 直接人工

C. 制造费用　　D. 燃料及动力

三、多项选择题

1. 应计入产品成本的各种材料费用，按其用途进行分配，应计入的账户有(　　)。

A. “管理费用”　　B. “基本生产成本”

C. “制造费用”　　D. “财务费用”

2. 周转材料的摊销方法有(　　)。

A. 一次转销法　　B. 不与转销法

C. 分次摊销法　　D. 五五摊销法

3. 职工薪酬具体包括（　　）。

A. 职工福利费　　B. 养老保险费

C. 工会经费　　D. 非货币性福利

4. “财务费用”账户核算的内容包括(　　)。

A. 财会人员工资　　B. 利息支出

C. 汇兑损益　　D. 财务人员业务培训费

5. 计提固定资产折旧，应借记的账户可能是(　　)。

A. “基本生产成本”　　B. “辅助生产成本”

C. “制造费用”　　D. “固定资产”

6. 用于几种产品生产的共同耗用材料费用的分配，常用的分配标准有(　　)。

A. 工时定额　　B. 生产工人工资

C. 材料定额费用　　D. 材料定额消耗量

7. 根据有关规定，下列不属于工资总额内容的是(　　)。

A. 退休工资　　B. 差旅费

C. 福利人员工资　　D. 长病假人员工资

8. 职工的计件工资，可能计入(　　)账户借方。

A. “基本生产成本”　　B. “辅助生产成本”

C. “制造费用”　　D. “管理费用”

9. 下列固定资产中，其折旧额应作为产品成本构成内容的是(　　)。

A. 生产车间房屋　　B. 企业管理部门房屋

C. 生产用设备　　D. 专设销售机构用卡车

10. 以下各账户归集的支出，最终可能应由产品成本负担的是(　　)。

A. 辅助生产成本　　B. 制造费用

C. 基本生产成本　　D. 管理费用

四、判断题

1. 一个要素费用按经济用途可能计入几个成本项目，一个成本项目可以归集同一经济用途的几个要素费用。(　　)

2. 计算集体计件工资时，计件工资分配率通常以计时工资为分配依据。(　　)

3. 基本生产车间发生的各种费用均应直接计入“基本生产成本”账户。(　　)

4. 企业固定资产折旧费应全部计入产品成本。(　　)

5. 不设“燃料和动力”成本项目的企业，其生产消耗的燃料可计入“直接材料”成本项目。(　　)

6. 凡是发放给企业职工的货币，均作为工资总额的组成部分。(　　)

7. 计件工资只能按职工完成的合格品数量乘以计件单价计算发放。(　　)

8. 职工福利费应按实发工资的一定比例计算提取。(　　)

9. 无论是基本生产车间还是辅助生产车间，都必须设置“制造费用”账户。(　　)

10. 采用计时工资形式支付的生产工人薪酬费用，一般可以直接计入生产产品的成本，不需要在各种产品中进行分配。(　　)

11. 采用永续盘存制，消耗材料的数量是根据领用材料的原始凭证确定的。(　　)

12. 分次摊销法一般适用于单位价值较低、使用期限较短或者容易破损的低值易耗品。(　　)

13. 生产人员、车间管理人员的工资及福利费，根据工资费用分配表，应直接计入产品生产成本。(　　)

五、计算题

1.【资料】某工业企业2015年5月份发生的耗费、支出项目，见表3-1。

【要求】根据表3-1所列的耗费、支出项目，分析其属性，并将相应金额填入表中，计算出产品成本、期间费用和非产品成本或非期间费用总额。

表3-1　　耗费、支出项目表　　单位：元

<table>
<tr><th rowspan="4">耗费、支出项目</th><th colspan="6">产品成本或期间费用</th><th rowspan="4">非产品成本或非期间费用</th></tr>
<tr><th colspan="5">5月份</th><th rowspan="3">6月份</th></tr>
<tr><th rowspan="2">A产品成本</th><th rowspan="2">B产品成本</th><th colspan="3">期间费用</th></tr>
<tr><th>管理费用</th><th>销售费用</th><th>财务费用</th></tr>
<tr><td>1. 5月份领用原材料30 000元，其中：用于A产品15 000元，B产品8 000元，行政管理部门5 000元，销售部门2 000元</td><td></td><td></td><td></td><td></td><td></td><td></td><td></td></tr>
<tr><td>2. 支付5月份和6月份的行政办公楼租金各60 000元，共120 000元</td><td></td><td></td><td></td><td></td><td></td><td></td><td></td></tr>
<tr><td>3. 支付5月份和6月份的广告费各20 000元，共40 000元</td><td></td><td></td><td></td><td></td><td></td><td></td><td></td></tr>
<tr><td>4. 5月份新购置固定资产支出200 000元</td><td></td><td></td><td></td><td></td><td></td><td></td><td></td></tr>
<tr><td>5. 支付5月份短期借款利息支出6 000元</td><td></td><td></td><td></td><td></td><td></td><td></td><td></td></tr>
<tr><td>6. 支付5月份外购电力30 000元，其中：A产品10 000元，B产品8 000元，行政管理部门6 000元，销售部门6 000元</td><td></td><td></td><td></td><td></td><td></td><td></td><td></td></tr>
<tr><td>7. 分配5月份职工薪酬120 000元，其中：A产品60 000元，B产品40 000元，行政管理部门10 000元，销售部门8 000元，在建工程2 000元</td><td></td><td></td><td></td><td></td><td></td><td></td><td></td></tr>
</table>

续表

耗费、支出项目	产品成本或期间费用						非产品成本或非期间费用
	5月份					6月份	
	A产品成本	B产品成本	期间费用				
			管理费用	销售费用	财务费用		
8. 计提5月份固定资产折旧60 000元，其中：A产品设备折旧20 000元，B产品设备折旧20 000元，行政管理部门固定资产折旧10 000元，销售部门10 000元							
合计							

2. 【资料】某企业2015年7月生产的甲、乙两种产品共同耗用A、B两种原材料，耗用量无法按产品直接划分。具体资料如下：

（1）甲产品投产400件，原材料消耗定额为A材料8千克，B材料3千克。

（2）乙产品投产200件，原材料消耗定额为A材料5千克，B材料4千克。

（3）甲、乙两种产品实际消耗总量为：A材料5 250千克，B材料2 000千克。

（4）材料实际单价为：A材料8元/千克，B材料6元/千克。

【要求】根据定额消耗量的比例，分配甲、乙两种产品原材料费用，填写原材料费用分配表。

原材料费用分配表

材料名称：A材料　　　　2015年7月　　　　单位：元

产品名称	材料消耗量总定额（千克）	分配率（元/千克）	分配金额
甲产品			
乙产品			
合　计			

原材料费用分配表

材料名称：B材料　　　　2015年7月　　　　单位：元

产品名称	材料消耗量总定额（千克）	分配率（元/千克）	分配金额
甲产品			
乙产品			
合　计			

3.【资料】某企业2015年7月31日结存A材料10吨，单价1 000元。8月份A材料收发情况如下：9日购入20吨，单价1 100元；20日发出15吨；21日购入30吨，单价1 200元；26日发出35吨。

【要求】（1）分别用先进先出法和加权平均法计算发出材料金额。

（2）上述发出材料用于共同生产甲、乙产品，8月甲、乙产品的产量分别为500件、100件，单件产品重量分别为20千克，50千克。采用重量分配法分配，计算甲、乙产品实际消耗原材料费用，并编制分配8月材料费用的会计分录。

4.【资料】某企业2015年7月行政管理部门领用管理用具一批，其实际成本58 000元，所领用具采用五五摊销法摊销。7月报废在用管理用具一批，其实际成本60 000元，回收残料估价1 000元，已验收入库。

【要求】编制低值易耗品领用、摊销、报废的会计分录。

5.【资料】某企业2015年7月生产甲、乙、丙三种产品，三种产品共同耗用F燃料10 000元。根据产量记录，本月三种产品的投产量分别为200件、100件、500件，单件产品的燃料消耗定额分别为40千克、30千克、10千克。

【要求】根据定额消耗量的比例，分配甲、乙、丙三种产品的燃料费用。

6.【资料】某企业2015年7月用电量为40 000度，电费单价0.5元，应付电费20 000元。基本生产车间用电36 000度，生产甲、乙、丙三种产品的生产总工时分别为20 000小时、30 000小时和40 000小时。行政管理部门用电4 000度。

【要求】按所耗电度数分配电力费用，甲、乙、丙三种产品按生产工时比例分配电费，并编制会计分录。

7.【资料】某企业职工小李的月标准工资为3 500元。2015年8月份小李事假2天，病假3天。根据小李的工龄，病假工资按70%计算，他病假、事假期间没有双休日和节假日。8月小李应享受高温津贴350元，夜班津贴120元，综合奖金200元；个人负担住房公积金400元，水电费45元。

【要求】（1）每月按30天计算小李8月应付计时工资并计算实发工资。

（2）每月按20.83天计算小李8月应付计时工资并计算实发工资。

8.【资料】某企业职工小张2015年8月份加工甲产品160件，计件单价5元；加工乙产品200件，计件单价7元。完工验收时，发现其中甲产品料废品10件，工废品5件，乙产品料废品8件，其余都为合格品。

【要求】计算小张2015年8月份的计件工资。

9.【资料】某企业自制材料由4人小组共同完成，2015年9月计件工资总额为13 520元。小组成员每人的日工资、出勤天数如表3－2所示。

表 3-2　　　　集体计件工资分配表

集体单位：自制材料小组　　　　2015 年 9 月

姓名	日工资（元）	出勤天数（天）
张强	80	22
李军	70	20
王勇	100	21
周峰	75	20
合计	—	—

【要求】计算自制材料小组 4 人各自计件工资。

10.【资料】某企业有一个基本生产车间和一个辅助生产车间，生产甲、乙、丙三种产品，2015 年 9 月基本生产车间生产工人工资总额为 180 000 元，车间管理人员工资总额为 50 000 元，行政管理人员工资总额为 70 000 元，销售人员工资总额为 60 000 元，辅助生产车间人员工资总额为 30 000 元。本月三种产品的实际生产总工时分别为 20 000 小时、30 000 小时和 40 000 小时。

【要求】（1）按工资总额的 10% 计提职工福利费，33% 计提社会保险费，10% 计提住房公积金、2% 计提工会经费和 1.5% 计提职工教育经费。

（2）计算按生产工时分配甲、乙、丙三种产品应分配的工资费用。

（3）编制分配本月工资费用的会计分录。

11.【资料】某企业有一个基本生产车间生产甲、乙两种产品，甲产品原材料单位定额消耗量 30 千克，定额工时 10 小时，乙产品原材料单位定额消耗量 20 千克，定额工时 20 小时。2015 年 5 月份甲产品产量 500 件，乙产品产量 500 件，本月发生下列经济业务：

（1）用现金购买办公用品 15 550 元，其中，车间办公用品 6 000 元，企业管理部门办公用品 9 550 元。

（2）以银行存款支付电费 22 000 元，其中，车间生产产品耗用 12 000 元，车间一般耗用电费 7 000 元，企业管理部门电费 3 000 元。

（3）领用材料 160 000 元，其中，基本生产车间生产耗用 150 000 元，基本生产车间一般消耗 9 500 元，企业管理部门消耗 500 元。

（4）分配人员薪酬 40 000 元，其中，基本生产车间工人工资 30 000 元，车间管理人员薪酬 5 500 元，企业管理部门人员工资 4 500 元。

（5）开出转账支票支付固定资产日常修理费 5 000 元，其中，车间设备的修理费为 4 000 元，企业管理部门的设备修理费为 1 000 元。

（6）提取本月固定资产折旧16 000元，其中，车间使用固定资产应计折旧1 1000元，企业管理部门用固定资产应计折旧5 000元。

（7）假定上述车间发生的间接费用是为了管理和组织甲、乙两种产品生产而发生的，将本月发生的制造费用按A、B两种产品生产工时比例进行分配。

【要求】根据上述资料做相应的账务处理。

六、简答题

1. 要素费用的分配一般应遵循什么原则？
2. 间接费用的分配标准可分为哪几类？
3. 材料费用主要包括哪些内容？
4. 简述外购动力费用支出的特点。
5. 职工薪酬包括哪些内容？
6. 如何计算计时工资？

第四章 辅助生产费用的核算

一、名词解释

1. 辅助生产　　2. 直接分配法

3. 交换分配法

二、单项选择题

1. 采用辅助生产费用的交互分配法，对外分配的费用总额是(　　)。

A. 交互分配前的费用

B. 交互分配前的费用加上交互分配转入的费用

C. 交互分配前费用减去交互分配转出的费用

D. 交互分配前的费用再加上交互分配转入的费用，减去交互分配转出的费用

2. 辅助生产各种分配方法中，能分清内部经济责任、便于考核和分析各受益单位的经济责任的是(　　)。

A. 直接分配法　　B. 交互分配法

C. 代数分配法　　D. 计划成本分配法

3. 辅助生产车间完工入库的修理用备件，应借记(　　)科目，贷记“辅助生产成本”科目。

A. “周转材料”　　B. “原材料”

C. “基本生产成本”　　D. “制造费用”

4. 辅助生产费用交互分配法中的第一次交互分配是在(　　)之间进行分配的。

A. 各受益单位　　B. 辅助生产车间以外的受益单位

C. 各受益的基本生产车间　　D. 各受益的辅助生产车间

5. 辅助生产费用直接分配法的特点是将归集的辅助生产费用(　　)。

A. 直接计入基本生产成本

B. 直接分配给所有受益对象

C. 直接分配给其他辅助车间

D. 直接分配给辅助车间以外的其他受益对象

6. 辅助生产车间为本企业材料采购提供运输服务的劳务成本，应借计入(　　)。

A. “销售费用”　　B. “材料采购”

C. “辅助生产成本”　　D. “制造费用”

7. 下列不属于辅助生产费用分配方法的是(　　)。

A. 直接分配法　　B. 交互分配法

C. 累计分配法　　D. 代数分配法

8. 采用交互分配法，各种辅助生产费用(　　)。

A. 都需要计算一个费用分配率　　B. 都需要计算两个费用分配率

C. 不需要计算费用分配率　　D. 以上均不对

9. 下列辅助分配方法中，分配结果最准确的方法是(　　)。

A. 直接分配法　　B. 交互分配法

C. 代数分配法　　D. 计划分配法

10. 采用按计划成本分配法分配辅助生产成本，辅助生产的实际成本是(　　)。

A. 按计划成本分配前的实际费用

B. 按计划成本分配前的实际费用加上按计划成本分配转入的费用

C. 按计划成本分配前的实际费用减去按计划成本分配转出的费用

D. 按计划成本分配前的实际费用加上按计划成本分配转入的费用，减去按计划成本分配转出的费用

11. 下列说法错误的有(　　)。

A. 直接分配法是对各辅助生产车间的成本费用进行交互分配和直接分配两次分配

B. 计划成本法便于考核和分析各受益单位的经济责任

C. 代数分配法分配结果最正确

D. 交互分配法是对各辅助生产车间的成本费用进行交互分配和直接分配两次分配

三、多项选择题

1. 辅助生产车间管理人员的工资，在不同的核算方法下，可能计入(　　)项目。

A. 管理费用　　　　B. 制造费用
C. 辅助生产成本　　　　D. 销售费用

2. 分配结转辅助生产费用时，可能借记的科目有(　　)。
A. 辅助生产成本　　　　B. 基本生产成本
C. 管理费用　　　　D. 在建工程

3. 辅助生产车间不设“制造费用”账户核算的原因有(　　)。
A. 辅助生产车间数量较少　　　　B. 辅助生产车间不对外提供商品
C. 制造费用较少　　　　D. 辅助生产车间规模较小

4. 辅助生产车间的间接费用可计入(　　)。
A. “制造费用”账户　　　　B. “基本生产成本”账户
C. “辅助生产生产”账户　　　　D. “管理费用”账户

5. 下列属于辅助生产费用分配方法的是(　　)。
A. 直接分配法　　　　B. 交互分配法
C. 计划分配法　　　　D. 代数分配法

6. 辅助生产费用按照计划分配法分配的优点是(　　)。
A. 简化成本计算工作
B. 分配结果准确
C. 便于考核辅助生产成本计划的完成情况
D. 有利于考核和分析企业内部各单位的经济责任

7. 辅助生产费用的交互分配法，在两次分配中的费用分配率分别是(　　)。
A. 费用分配率 = 待分配辅助生产费用 ÷ 该车间提供劳务量
B. 费用分配率 = 待分配辅助生产费用 ÷ 对辅助该生产车间以外提供劳务量
C. 费用分配率 = （待分配辅助生产费用 + 交互分配转入费用 − 交互分配转出费用） ÷ 该车间提供劳务量
D. 费用分配率 = （待分配辅助生产费用 + 交互分配转入费用 − 交互分配转出费用） ÷ 对辅助该生产车间以外提供劳务量

四、判断题

1. “辅助生产成本”账户一般应按辅助生产车间、车间下再按产品或劳务种类设置明细账，账中按照成本项目或费用项目设立专栏进行明细核算。(　　)

2. 采用交互分配法分配辅助生产费用时，对外分配的辅助生产费用，应为交互分配前的费用加上交互分配时分配转入的费用。(　　)

3. 采用代数分配法分配辅助生产费用，分配结果最正确。(　　)

4. 采用计划成本分配法，对于辅助生产车间实际发生的费用包括辅助生产内部交互分配转入的费用在内，与按计划单位成本分配转出的费用之间的差异，一般全部计入管理费用。（　　）

5. 任何情况下，辅助生产的制造费用可以不通过“制造费用——辅助生产车间”明细账单独归集，而是直接计入“辅助生产成本”账户。（　　）

6. 辅助生产费用的交互分配法，只需进行一次分配。（　　）

7. 辅助生产费用的归集是为辅助生产费用的分配作准备，因为只有先归集起来，才能够进行分配。（　　）

8. 辅助生产成本明细账一般有余额。（　　）

9. 直接分配法，需要考虑各辅助生产车间之间相互提供劳务的情况。（　　）

10. 交互分配法的对外分配是对辅助生产车间以外的受益单位分配。（　　）

11. 代数分配法，是根据“投入 = 产出”的原理建立多元一次联立方程，计算辅助生产车间产品和劳务的单位成本，然后在全部受益对象之间分配辅助生产费用的一种分配方法。（　　）

12. 计划成本分配法下辅助生产为全部受益对象（包括受益的其他辅助生产车间、部门在内）提供的劳务，都按劳务的计划单位成本进行分配。（　　）

13. 计划分配法下辅助生产车间实际发生的费用（包括辅助生产内部交互分配转入的费用在内）与按计划单位成本分配转出的费用之间的差异，为了简化计算工作，一般全部计入管理费用。如果是超支差应减少管理费用，如果是节约差应增加管理费用。（　　）

14. 交互分配法计算的分配结果不十分精确。（　　）

15. 采用计划成本分配法，必须具备比较正确的计划成本资料。（　　）

五、计算题

1.【资料】某企业 2015 年 8 月供电车间归集的费用共 14 295 元，供水车间归集的费用共 9 288 元，供电车间和供水车间提供的劳务量信息见表 4－1。

表 4－1　　辅助生产车间劳务供应量表　　单位：元

提供劳务单位	基本生产车间耗用的劳务量			辅助生产车间耗用的劳务量		厂部耗用的劳务量
	A 产品	B 产品	车间一般消耗	供电车间	供水车间	
供电车间（度）	50 000	34 000	1 000	／	4 500	8 500
供水车间（立方米）	4 000	12 000	2 000	6 500	／	4 000

【要求】根据上述资料完成：

（1）用直接分配法进行辅助生产费用分配并编制辅助生产费用分配的会计分录。

（2）用交互分配法进行辅助生产费用分配并编制辅助生产费用分配的会计分录。

2.【资料】某企业设置供电、供水两个辅助生产车间，2015 年 8 月发生的费用分别为 4 800 元和 4 700 元，劳务供应情况见表 4－2（每度电、每吨水的计划单价分别为 0.31 元、0.55 元）。

表 4－2　辅助生产车间劳务供应量表

受益单位	供电（度）	供水（吨）
供电车间		800
供水车间	800	
基本生产产品用	13 000	
基本车间一般用	1 400	8 000
行政管理部门	800	600
合计	16 000	9 400

【要求】（1）根据有关资料，按计划成本法进行辅助生产费用的分配。

（2）作出相应的会计分录。（差异额全部由管理费用负担）

3.【资料】某企业生产甲产品，设有一个基本生产车间和机修、供电两个辅助生产车间。2015 年 8 月机修车间发生费用 63 000 元，供电车间发生费用 60 000元。该企业 2015 年 8 月提供的劳务情况如表 4－3 所示。

表 4－3　辅助生产车间劳务供应量表

2015 年 8 月

受益对象	劳务供应量	
	修理工作量（小时）	供电数量（度）
机修车间耗用		30 000
供电车间耗用	1 000	
基本生产车间产品生产直接耗用		80 000
基本生产车间管理耗用	2 500	10 000
行政管理部门耗用	2 000	25 000
专设销售机构耗用	1 500	5 000
合计	7 000	150 000

【要求】根据上述资料完成：

（1）用直接分配法进行辅助生产费用分配并编制辅助生产费用分配的会计分录。

（2）用交互分配法进行辅助生产费用分配并编制辅助生产费用分配的会计分录。

（3）用代数分配法进行辅助生产费用分配并编制辅助生产费用分配的会计分录。

4.【资料】某企业有运输和机修两个辅助生产车间，2015 年 8 月其待分配费用分别为 33 000 元和 495 000 元，该企业制定的计划单位成本为每千米运输费 3 元，每小时修理费 25 元，辅助生产车间制造费用不通过“制造费用”科目核算。其劳务提供情况如表 4－4 所示。

表 4－4　　辅助生产车间劳务供应量表　　单位：元

车间	提供劳务总量	受益单位及数量						
		运输车间	机修车间	A 产品	B 产品	一车间	二车间	管理部门
运输车间	10 000	—	200	1 700	3 360	940	1 500	2 300
机修车间	20 000	100	—	—	—	11 400	7 000	1 500

【要求】（1）按计划成本分配法分别计算各部门用运输、修理劳务的计划成本。

（2）分别计算运输、修理的计划总成本。

（3）分别计算运输、修理的实际总成本。

（4）分别计算运输、修理的成本差异。

（5）编制分配辅助生产费用的会计分录。

六、简答题

1. 辅助生产车间如何设置制造费用账户？

2. 简述直接分配法、交互分配法的适用范围。

3. 比较直接分配法、交互分配法、代数分配法、计划成本分配法各自的优缺点。

第五章 制造费用的核算

一、名词解释

1. 制造费用　　2. 机器工时
3. 生产工人工资　　4. 生产工人工时
5. 年度计划分配率分配法

二、单项选择题

1. 制造费用账户(　　)。

A. 一般有借方余额　　B. 一般有贷方余额
C. 转入本年利润账户后期末应无余额　D. 除季节性生产企业外期末应无余额

2. 下列项目中，不属于生产费用按经济内容分类（费用要素）的项目有(　　)。

A. 外购材料　　B. 工资
C. 折旧费　　D. 制造费用

3. 采用生产工时分配法分配制造费用，分配标准是(　　)。

A. 该生产单位产品生产工人工时　B. 该企业产品生产工人工时
C. 该生产单位单位产品生产工时　D. 该生产单位单位产品定额工时

4. 按年度计划分配率分配制造费用的方法适用于(　　)。

A. 制造费用数额较大的企业　　B. 季节性生产的企业
C. 基本生产车间规模较小的企业　D. 制造费用数额较小的企业

5. 采用年度计划分配率分配法分配制造费用时，“制造费用”账户(　　)。

A. 应有借方余额　　B. 应有贷方余额
C. 只在年末有借方余额　　D. 年末差额分配结转后，应无余额

6. “制造费用”明细账，应当按照(　　)设置。

A. 不同生产单位（分厂、车间）　B. 不同费用项目
C. 不同产品品种　　D. 不同成本核算对象

7. 机器工时比例分配法的适用对象是(　　)。

A. 该生产单位机械化程度较低

B. 该生产单位机械化程度较高

C. 该生产单位制造费用中管理人员工资比重较小

D. 该生产单位制造费用中管理人员工资比重较大

8. (　　)是指企业各个生产单位（分厂、基本生产车间）为组织和管理生产活动而发生的各项费用。

A. 生产成本　　B. 制造费用

C. 基本生产成本　　D. 辅助生产成本

9. 各生产单位的制造费用最终都必须分配计入(　　)。

A. 生产成本　　B. 制造费用

C. 待摊费用　　D. 本年利润

10. 车间用于组织和管理生产的费用，如车间管理人员的工资，车间管理用房屋的折旧费等，应计入(　　)。

A. 生产成本　　B. 制造费用

C. 管理费用　　D. 车间费用

三、多项选择题

1. 制造费用(　　)。

A. 属于间接费用　　B. 一般为间接计入费用

C. 属于综合性费用项目　　D. 属于基本费用

2. 下到费用中属于制造费用项目的有(　　)。

A. 生产单位管理人员的工资及福利费

B. 生产单位全体人员的工资及福利费

C. 生产单位固定资产的折旧费

D. 企业行政管理部门固定资产的折旧费

3. 制造费用的分配方法有(　　)。

A. 生产工人工时比例分配法　　B. 机器工时分配法

C. 生产工人工资比例分配法　　D. 年度计划分配率分配法

4. 辅助生产车间不设“制造费用”的账户核算的原因有(　　)。

A. 辅助生产车间数量较少　　B. 辅助生产车间不对外提供商品

C. 制造费用较少　　D. 辅助生产车间规模较小

5. 以下属于直接人工工时分配法的优点的是(　　)。

A. 这种分配标准能将劳动生产率和产品分摊的制造费用紧密联系起来，正

确地体现劳动生产率和产品成本的关系

B. 适合于在各产品机械化程度接近、加工工艺区别不大的情况

C. 以直接人工工时作为分摊标准可使分摊结果显得更合理

D. 各单位都有直接人工工时的统计结果，分配资料的获取较容易

6. 制造费用是企业各个生产单位（分厂、基本生产车间）为组织和管理生产活动而发生的各项费用，下列属于制造费用的是(　　)。

A. 车间管理人员工资和福利费

B. 车间固定资产折旧费和维修费

C. 分厂行政管理部门人员工资和福利费

D. 车间生产用照明费、取暖费等

四、判断题

1. 在制造费用的不同分配方法中，分配后“制造费用”科目期末都没有余额。(　　)

2. 生产车间无论是技术人员、生产人员、检验人员还是管理人员的工资及福利费，均应计入制造费用。(　　)

3. 制造费用是各生产单位发生的间接计入费用。(　　)

4. 制造费用成本项目属于综合性费用项目。(　　)

5. 采用年度计划分配率分配法，“制作费用”明细账应留有年末余额。(　　)

6. 企业制造费用的分配方法一经确认，不得随意变更。(　　)

7. 由于制造费用和直接材料、直接人工共同构成生产成本，而且制造费用往往在生产成本中占有较大比重，所以制造费用的正确归集是一项非常重要的工作。(　　)

8. 管理人员的工资和福利费，均应通过“制造费用”科目核算。(　　)

9. 直接人工工时分配法能将劳动生产率和产品分摊的制造费用紧密联系起来，正确地体现劳动生产率和产品成本的关系。(　　)

五、计算题

1. 某企业基本生产车间A产品机器工时为40 000小时，B产品机器工时为30 000小时，2015年6月发生制造费用700 000元。要求在A、B产品之间分配制造费用，并编制会计分录。

2. 某企业基本生产车间生产甲、乙、丙三种产品，2015年9月基本生产车间发生制造费用38 000元。本月甲产品发生生产工人工资9 600元，乙产品发生生产工人工资5 000元，丙产品发生生产工人工资4 400元。

【要求】按直接工资分配法对企业基本生产车间本月发生的制造费用进行分配，并编制会计分录。

3. 某企业基本生产车间生产甲、乙、丙三种产品，2015 年 9 月甲产品实际耗用生产工人工时 1 000 小时，乙产品实际耗用生产工人工时 400 小时，丙产品实际耗用生产工人工时 600 小时。本月基本生产车间归集的制造费用总额为 32 300 元。

【要求】按直接人工工时分配法对企业基本生产车间本月发生的制造费用进行分配，并编制会计分录。

4. 某企业基本生产车间有一大型精密设备，原值 150 万元，预计净残值率 5%，预计可使用工时为 18 000 工时。2015 年 5 月份使用该设备生产，耗用了 100 工时。要求：采用工作量法计算 2015 年 5 月份该设备折旧额并做出折旧的会计分录。

5. 某企业基本生产车间全年制造费用计划为 180 000 元，全年甲、乙产品的计划产量为：甲产品 2 000 件，乙产品 1 500 件；单件产品的工时定额为：甲产品 5 小时，乙产品 4 小时；2015 年 8 月份的实际产量为：甲产品 200 件，B 产品 100 件，该月实际制造费用为 15 000 元。

【要求】按年度计划分配率分配法分配甲、乙产品应负担的制造费用，并编制会计分录。

6. 某企业设有一个基本生产车间，生产甲、乙两种产品。2015 年 8 月份本车间发生经济业务如下：

（1）领用原材料共计 16 000 元，其中甲产品领用 8 000 元，乙产品领用 6 000元，车间一般消耗 2 000 元。

（2）结算本月应付工资 12 000 元，其中生产甲产品工人工资 6 000 元，生产乙产品工人工资 4 000 元，车间管理人员工资 2 000 元。

（3）计提车间固定资产折旧费 4 000 元。

（4）用银行存款支付车间水电费 2 000 元。

（5）用银行存款支付其他费用 5 000 元。

【要求】（1）简述经济业务的支出应该计入哪些成本费用项目。

（2）车间本月发生的制造费用怎样登记明细账？本月制造费用总额是多少？

六、简答题

1. 简述制造费用的含义。

2. 简述制造费用的内容。

3. 比较制造费用四种分配方法的适用范围。

第六章 废品损失的核算

一、名词解释

1. 废品
2. 可修复废品
3. 不可修复废品
4. 废品损失
5. 停工损失
6. 料废品
7. 工废品

二、单项选择题

1. 由于生产工人操作上的原因造成的废品，称为(　　)。
A. 可修复废品　　B. 工废品
C. 不可修复废品　　D. 料废品
2. 废品损失中，应由过失人赔偿的款项，应计入(　　)。
A. “废品损失”明细账户的借方　　B. “废品损失”明细账户的贷方
C. “营业外支出”账户的贷方　　D. “其他应收款”账户的贷方
3. 废品净损失应由(　　)。
A. 同种合格产品成本负担　　B. 营业成本负担
C. 营业外支出负担　　D. 税后利润负担
4. 下列中不属于“废品损失”科目核算的内容是(　　)。
A. 修复废品人员工资　　B. 修复废品使用材料
C. 不可修复废品的报废损失　　D. 产品“三包”损失
5. 企业在核算废品损失时，一般是指(　　)。
A. 辅助生产车间的废品损失
B. 基本生产车间的废品损失
C. 基本生产车间和辅助生产车间发生的废品损失
D. 产品销售后发生的废品损失
6. 对于季节性停工企业在停工期间发生的费用，应计入(　　)。

A. 停工损失　　B. 管理费用

C. 制造费用　　D. 销售费用

7. 在下列各项目当中，属于废品损失的项目是(　　)。

A. 可修复废品的生产成本　　B. 不可修复废品的生产成本

C. 不合格品的降价损失　　D. 自然灾害造成的产成品损失

8. 下列各项中，不计入停工损失成本项目的有(　　)。

A. 停工期内所支付的生产工人工资　　B. 停工期内耗用的燃料和动力费

C. 停工期内应负担的制造费用　　D. 季节性生产企业停工期内的费用

9. 由于自然灾害造成的非正常停工损失，应计入(　　)。

A. 营业外支出　　B. 营业外收入

C. 管理费用　　D. 制造费用

10. 废品损失不包括(　　)。

A. 不可修复废品的报废损失　　B. 可修复废品的修复费用

C. 可修复废品修理发生的料耗　　D. 产品保管不善的变坏变质损失

11. 可修复废品的废品损失是指(　　)。

A. 返修前发生的原材料费用

B. 返修过程中发生的各项费用

C. 返修前发生的原材料费用加上返修后发生的修理费

D. 返修前发生的制造费用

12. 经过审核后的(　　)是废品损失核算的原始凭证。

A. 产品入库单　　B. 生产领料单

C. 废品通知单　　D. 工作进程表

13. 结转废品净损失时，应借记(　　)账户。

A. 生产成本　　B. 废品损失

C. 制造费用　　D. 原材料

三、多项选择题

1. 可修复废品的修复费用包括(　　)。

A. 修复废品的人工费用　　B. 修复废品的工人的福利费

C. 修复废品的材料费用　　D. 修复废品发生的销售费用

2. 可修复废品必须具备的条件包括(　　)。

A. 经过修复可以使用

B. 所花费的修复费用在经济上合算

C. 经过修复可以使用，但经济上不合算

D. 经过修理仍不能使用

3. 不应计入产品成本的停工损失是(   )。

A. 由于暴风雨引起的停工损失

B. 由于火灾引起的停工损失

C. 季节性和固定资产修理期间的停工损失

D. 可以由保险公司赔偿的停工损失

4. 不可修复废品的生产成本，可以按(   )。

A. 废品所耗实际费用计算
B. 废品所耗定额费用计算

C. 废品售价计算
D. 废品残值计算

5. “停工损失”账户贷方所归集的停工损失，可根据不同情况，从该账户的贷方转入(   )账户。

A. 应收账款
B. 其他应收款

C. 营业外支出
D. 管理费用

6. 下列在计算废品损失时，应扣除的项目是(   )。

A. 回收的废料价值
B. 应收的赔偿款

C. 不可修复废品的生产成本
D. 可修复废品发生的修复费

7. “废品损失”科目贷方的对应科目可能有(   )。

A. 生产成本
B. 其他应收款

C. 制造费用
D. 原材料

8. 企业发生的不可修复废品损失会使企业(   )。

A. 产品总成本可能降低
B. 产品总成本可能提高

C. 产品产量降低
D. 产品单位成本提高

9. 废品按其是否可以和值得修复可分为(   )。

A. 工废品
B. 料废品

C. 可修复废品
D. 不可修复废品

10. 停工损失包括的内容有(   )。

A. 季节性生产企业停工期内的费用

B. 停工期内支付的生产工人工资及提取的应付福利费

C. 停工期内耗用的燃料和动力费

D. 停工期内应负担的制造费用

四、判断题

1. 经过修理可以使用的废品不一定是可修复废品。(   )

2. 不单独核算废品损失的企业，发生的废品残料价值收入和应收赔偿款，

也应直接冲减生产成本。(　　)

3. 发生废品损失以后，一定会降低产品总成本。(　　)

4. “废品损失”账户月末一定有余额。(　　)

5. 经过修理虽可以使用，但所花费的修复费用在经济上不合算的废品，应列入可修复废品。(　　)

6. 废品净损失是指尚未扣除应收赔款和残值的数额。(　　)

7. 不单独核算废品损失的企业，产品实际成本中也包含废品损失。(　　)

8. 单独核算停工损失的企业，其发生的停工损失最终可能从“停工损失”账户转入“生产成本”账户。(　　)

9. 废品损失包括产品出售以后发现废品时所发生的一切损失。(　　)

10. 废品净损失均应在发生废品的当月计入生产成本。(　　)

五、计算题

1. 伟达企业基本生产车间 2015 年 9 月生产过程中发现 A 产品有不可修复废品 10 件，按所耗定额费用计算不可修复废品的生产成本。单件原材料定额为 80 元，已完成的定额工时共计 180 小时，每小时的费用定额为：人工费用 2.5 元，制造费用 1.6 元。不可修复废品的残料作价 85 元入库；应由过失人赔偿 65 元。

【要求】(1) 计算 A 产品不可修复废品的生产成本及净损失。

(2) 编制相关会计分录。

2. 光明企业规定不可修复废品的生产成本按定额成本计价。2015 年 8 月发现甲产品有不可修复废品 15 件，每件直接材料定额为 30 元，15 件废品的定额工时为 225 小时。每小时直接人工 5 元，制造费用 6 元。该月同种产品的可修复废品的修复费用为：直接材料 675 元，直接人工 900 元，制造费用 825 元。废品的残料入库计价 180 元，应由责任人赔偿 120 元。废品净损失由当月同种产品负担。

【要求】(1) 计算不可修复废品的生产成本。

(2) 计算全部废品的净损失。

(3) 编制相关的会计分录。

3. 新创公司第一基本生产车间生产甲产品，原材料在开始时一次投入。2015 年 4 月份完工合格品 1 160 件，生产过程中发现不可修复废品 40 件，合格品和废品的全部生产工时为 59 000 小时，其中废品为 1 000 小时。甲产品生产成本明细账列示了合格品和废品的全部生产费用为：直接材料 180 000 元，燃料及动力 20 650 元，直接人工 32 450 元，制造费用 26 550 元。收回残料 500 元，由责任人赔偿 275 元。

【要求】编制“废品损失计算表”。（直接材料费用按合格品数量和废品数量的比例分配，其他费用按生产工时比例分配）

不可修复废品损失计算表

产品名称： 年 月 单位：元

项 目	直接材料	燃料及动力	直接人工	制造费用	合计
费用总额					
合格品数量					
废品数量					
合格品工时					
废品工时					
费用分配率					
废品成本					
减：回收残值					
减：责任人赔偿					
废品损失					

六、简答题

1. 简述损失与生产损失的含义。
2. 简述废品与废品损失的含义。
3. 简述停工与停工损失的含义。
4. 简述废品损失的账户设置及核算。
5. 简述停工损失的账户设置及核算。

第七章 生产费用在完工产品和在产品之间的分配方法

一、名词解释

1. 完工产品
2. 在产品
3. 半成品
4. 约当产量
5. 约当产量比例法
6. 定额比例法
7. 广义在产品
8. 狭义在产品

二、单项选择题

1. 某种产品经两道工序加工而成，其原材料在生产开工时一次投入，月末在产品的投料程度应按(　　)计算。

A. 100%　　B. 50%

C. 定额耗用量比例　　D. 定额工时比例

2. 当各月末在产品数量多，各月在产品数量变化较大，且原材料费用在产品成本中所占比重较大，原材料在生产开始时一次投入的产品，其在产品成本的计算可采用(　　)。

A. 固定成本计价法　　B. 所耗原材料费用计价法

C. 约当产量法　　D. 定额成本计价法

3. 采用约当产量法，原材料费用按完工产品和月末在产品数量分配时应具备的条件是(　　)。

A. 原材料是陆续投入的　　B. 原材料是生产开始时一次投入的

C. 原材料在产品成本中所占比重大　　D. 原材料按定额投入的

4. 甲产品月末在产品只计算原材料费用。该产品月初在产品原材料费用为5 600元；本月发生的原材料费用为13 000 元。原材料在生产开始时一次投入。本月完工产品400 件，月末在产品100 件。据此计算的甲产品本月末在产品原材料费用为(　　)元。

A. 14 880　　B. 3 200

C. 3 720　　　　D. 5 600

5. 各项消耗定额或费用定额比较准确、稳定，且各月末在产品数量变动较大的产品，其月末在产品成本的计算方法可采用(　　)。

A. 定额比例法　　　　B. 定额成本法

C. 约当产量法　　　　D. 在产品按所耗原材料费用计价法

6. 在产品采用定额成本计价法计算时，其实际成本与定额成本之间的差异应计入(　　)。

A. 在产品成本　　　　B. 营业外支出

C. 完工产品成本　　　　D. 期间费用

7. 由于各道工序内部在产品完工程序不同，有的已经完成，有的刚刚开始加工，为简化计算，对各工序内部在产品在本工序的加工过程可按(　　)计算。

A. 100%　　　　B. 50%

C. 定额工时比例　　　　D. 消耗定额比例

8. 在编有完整准确定额资料的月末在产品数量比较稳定的企业里，在产品成本通常按（　）算。

A. 定额成本法　　　　B. 定额比例法

C. 原材料费用法　　　　D. 约当产量法

9. (　　)的确认是正确计算在产品成本的基础。

A. 在产品价格　　　　B. 在产品数量

C. 在产品成本　　　　D. 完工产品数量

10. 某种产品经两道工序加工而成。其原材料分两道工序在每道工序开始时一次投入；第一工序原材料的消耗定额为 10 千克/件，第二工序原材料的消耗定额为 30 千克/件。据此算出的第二工序在产品完工率为(　　)。

A. 25%　　　　B. 62. 5%

C. 100%　　　　D. 80%

11. 甲产品在生产过程中，需经过两道工序，第一道工序定额工时 2 小时，第二道工序定额工时 3 小时。期末，甲产品在第一道工序的在产品 40 件，在第二道工序的在产品 20 件。作为分配计算在产品加工成本（不含原材料成本）的依据，其期末在产品约当产量为(　　)件。

A. 18　　　　B. 22

C. 28　　　　D. 36

12. 计算月末在产品约当产量的依据是(　　)。

A. 月末在产品数量　　　　B. 本月完工产品数量

C. 月末在产品数量和完工程度　　　　D. 月末在产品定额成本和定额工时

13. 产品所耗原材料费用在每道工序开始时一次投入，分配原材料费用的在产品完工率，等于原材料的(　　)与该产品完工的原材料消耗定额的比率。

A. 所在工序消耗定额　　B. 所在工序累计消耗定额

C. 所在工序累计消耗定额之半　　D. 所在工序消耗定额之半

14. 在完工产品和在产品之间分配费用，采用不计算在产品成本法适用于(　　)的产品。

A. 各月末在产品数量较少　　B. 各月末在产品数量较大

C. 没有在产品　　D. 各月末在产品数量变化小

15. 假设某企业某产品工时定额为 40 小时，经两道工序组成，各工序的工时定额分别为 30 小时和 10 小时，则第二道工序的完工程度为(　　)。

A. 37. 5%　　B. 50%

C. 87. 5%　　D. 90%

16. 某产品在产品数量较小，或者数量虽大但各月之间在产品数量变化不大，月初、月末在产品成本的差额对完工产品成本的影响不大，为了简化核算工作，可采用(　　)。

A. 不计算在产品成本的方法　　B. 在产品按所耗的原材料费用计算

C. 按年初数固定计算在产品成本　　D. 定额比例法

17. 按完工产品和月末在产品数量比例分配计算完工产品和月末在产品成本，必须具备的条件有(　　)。

A. 在产品已接近完工　　B. 原材料一次投入

C. 原材料在成本中比重较大　　D. 原材料随生产进度陆续投料

18. 在产品完工率为(　　)与完工产品工时定额的比率。

A. 所在工序工时定额

B. 所在工序累计工时定额

C. 所在工序累计工时定额之半

D. 上道工序累计工时定额加上所在工序工时定额之半

三、多项选择题

1. 下列各种方法，适用于生产费用在完工产品和在产品之间分配的有(　　)。

A. 交互分配法　　B. 定额比例法

C. 在产品按固定成本计价法　　D. 在产品按定额成本计价法

2. 下列各项中，属于生产费用在完工产品与在产品之间进行分配的方法有(　　)。

A. 定额比例法　　B. 在产品按固定成本计价法

C. 不计算在产品成本法　　D. 在产品按所耗直接材料费用计价法

3. 在产品成本的计算方法主要有(　　)。

A. 约当产量法　　B. 定额比例法

C. 定额成本法　　D. 按所耗原材料费用计算法

4. 约当产量法计算适用于(　　)的产品。

A. 完工产品数量较多

B. 各月在产品数量变化较大

C. 各成本项目费用在成本中比重相差不多

D. 在产品数量较多

5. 采用约当产量法计算完工产品和在产品成本时，应具备的条件是(　　)。

A. 月末在产品数量较大

B. 各月末在产品变化较大

C. 产品成本中原材料和加工费用的比重相差不大

D. 产品成本中原材料和加工费用的比重相差较大

6. 采用约当产量法，必须正确计算在产品的约当产量，而在产品约当产量的计算正确与否取决于在产品完工程度的测定，测定在产品完工程度的方法有(　　)。

A. 按50%平均计算各工序完工率　　B. 分工序分别计算完工率

C. 按定额比例法计算　　D. 按投料率计算

7. 确定完工产品与月末在产品之间分配费用的方法时，应考虑的条件有(　　)。

A. 各月末在产品数量的多少

B. 月初、月末在产品数量变动的大小

C. 产品成本中各项费用比重的大小

D. 产品成本中原材料费用的比重

8. 分配计算完工产品和月末在产品的费用时，采用在产品按定额成本计价法所具备的条件是(　　)。

A. 各月末在产品数量变化大　　B. 产品的消耗定额比较稳定

C. 各月末在产品数量变化比较小　　D. 产品的消耗定额比较准确

9. 采用定额比例法分配完工产品和月末在产品费用，应具备的条件有(　　)。

A. 各月末在产品数量变化较大　　B. 各月末在产品数量变化不大

C. 消耗定额或成本定额比较稳定　　D. 消耗定额或成本定额波动较大

10. 在产品成本按年初在产品成本计算的方法，适用于(　　)。

A. 各月在产品数量较少

B. 各月在产品数量较多

C. 各月末在产品数量变化较大

D. 各月末在产品数量较多，但各月数量比较均衡

11. 采用约当产量法计算月末在产品成本，在产品的约当产量应按（　　）计算。

A. 投料程度　　B. 完工程度

C. 预计废品率　　D. 完工入库程度

12. 计算本月完工产品成本时，要依据的成本资料主要有（　　）。

A. 月初在产品成本　　B. 本月发生生产费用

C. 月末在产品成本　　D. 上月完工产品成本

13. 原材料投入形式主要有（　　）。

A. 材料在生产开始时一次投入　　B. 材料在生产过程中陆续投入

C. 材料在生产过程中分阶段批量投入　　D. 材料在供应过程中分别投入

四、判断题

1. 为了简化核算工作，在产品成本可以只计算原材料费用。（　　）

2. 定额成本法是按照完工产品和月末在产品定额比例计算产品成本的方法。（　　）

3. 全部产品都需要经过生产费用在完工产品与月末在产品之间分配，才能计算出完工产品的成本。（　　）

4. 采用在产品按所耗原材料费用计价时，某种产品月末在产品只计算所耗原材料的费用，将加工费用全部计入完工产品成本。（　　）

5. 完工产品与在产品之间分配费用，采用在产品按完工产品成本计价法时，在产品就是完工产品，全部生产费用之和就是完工产品成本。（　　）

6. 按定额比例法计算月末在产品成本，一般以原材料定额消耗量作为分配标准。（　　）

7. 约当产量就是将月末在产品数量按照完工程度折算为相当于完工产品的产量。（　　）

8. 约当产量法适用于工资等其他费用的分配，不适用于原材料费用的分配。（　　）

9. 采用约当产量法计算在产品成本时，如果原材料不是在开始生产时一次投入，而是随着加工进度陆续投入的，其投料程度与其加工进度完全一致，则计算材料费用的约当产量与计算加工费用的约当产量应是一致的。（　　）

10. 原材料在生产产品的每道工序开始时一次投入，用来分配原材料费用的完工率，是该工序累计的原材料消耗定额与完工产品原材料消耗定额的比率。(　　)

11. 分工序计算在产品完工率的计算公式如下：(　　)

$$某工序在产品完工率=\frac{前面各工序工时定额之和+本工序工时定额\times 50\%}{产品工时定额}\times 100\%$$

12. 在约当产量法中，核算在产品的原材料费用不需要计算在产品的约当产量。(　　)

13. 采用约当产量法计算月末在产品成本，原材料费用分配时必须考虑原材料的投料方式。(　　)

14. 某道工序在产品的完工率为至该道工序止累计的工时定额与完工的产品工时定额的比率。(　　)

15. 各月月末的在产品数量变化不大的产品，可以不计算月末在产品成本。(　　)

16. 某企业年末只有一件在产品，则该企业不必计算期末在产品成本。(　　)

17. 只要存在期末在产品，就应当计算期末在产品成本，以便正确确定完工产品成本。(　　)

18. 只要各月月末在产品数量基本相同，就可以用固定成本确定月末在产品成本。(　　)

19. 月末在产品按定额成本计算，实际费用脱离定额的差异全部由完工产品负担。(　　)

20. 采用定额比例法计算月末在产品成本必须具备较好的定额管理基础，而且月初、月末在产品数量变化不大的产品。(　　)

21. 为了反映完工产品成本构成情况，分配生产费用时，应按成本项目分别计算。(　　)

22. 将在产品按其完工程度折合为完工产品的产量称为约当产量。(　　)

23. 广义的在产品，包括狭义的在产品和已经完成一个或多个生产步骤，尚未最终完工需要继续加工的自制半成品。(　　)

24. 采用在产品成本按年初固定数额计算的方法时，其基本点是：年内各月的在产品成本都按年初在产品成本计算，永远不变。(　　)

25. 原材料在生产过程中分次投入时，应当根据该工序在产品累计已投入的材料费用占完工产品应投入的材料费用的比重来计算在产品的投料程度。(　　)

26. 约当产量法适用于本月末在产品数量大，各月末在产品数量变化也较大，其原材料费用在成本中所占比重较大的产品。(　　)

27. 由于完工程度不同，完工产品与月末在产品的各项费用均不能按照它们的数量比例来分配计算，而应按约当产量比例分配计算。(　　)

28. 采用定额比例法和定额成本法计算在产品成本，其计算结果应当是一致的。(　　)

29. 采用约当产量法时，当各道工序的在产品数量和在产品加工量比较均衡时，全部在产品的平均完工程度不同可按 50% 计算。(　　)

五、计算题

1. 目的：练习完工产品与在产品费用的分配采用不计算在产品成本法。

【资料】某企业甲产品每月月末在产品数量较少，不计算在产品成本。2015 年 5 月发生生产费用 189 900 元，其中原材料费用 110 000 元，直接人工费 50 000元，制造费用 29 900 元。本月月末完工产品 1 000 件，在产品 1 件。

【要求】计算 5 月份甲产品完工产品的总成本和单位成本。

2. 目的：练习完工产品与在产品费用的分配采用按年初数固定计算法。

【资料】某企业甲产品每月月末在产品数量较大，但各月月末在产品数量变化不大，在产品按年初数固定成本计价。在产品 2015 年年初固定成本为原材料费用 30 000 元，直接人工费 10 000 元，制造费用 9 000 元。2015 年 5 月发生生产费用 189 900 元，其中原材料费用 110 000 元，直接人工费 50 000 元，制造费用 29 900 元。本月月末完工产品 1 000 件。

【要求】计算 5 月份甲产品完工产品的总成本。

3. 目的：练习完工产品与在产品费用的分配采用按年初数固定计算法。

【资料】某企业生产甲产品，月末在产品的数量较大，但各月末在产品数量变化不大，在产品按年初数固定成本计价。在产品年初固定成本为：直接材料费用 3 600 元，直接燃料和动力费用 2 400 元，直接人工 1 400 元，制造费用 1 200元。5 月份生产费用：直接材料费用 7 600 元，直接燃料和动力费用 6 400 元，直接人工 3 800 元，制造费用 2 020 元。本月完工产品 200 件，月末在产品 100 件。

【要求】计算 5 月份甲产品完工产品的总成本和单位成本。

4. 目的：练习完工产品与在产品费用的分配采用按年初数固定计算法。

【资料】某企业甲产品每月月末在产品数量较大，但各月月末在产品数量变化不大，在产品按年初数固定成本计价。2015 年 5 月发生生产费用 189 900 元，其中原材料费用 120 000 元，直接人工费 50 000 元，制造费用 29 900 元。本月月末完工产品 2 000 件。

【要求】计算 5 月份甲产品完工产品的总成本和单位成本。

5. 目的：练习月末在产品按所耗原材料成本计算法。

【资料】某企业生产甲产品，原材料在生产成本中所占比重较大且原材料在生产开始时一次就全部投入，月末在产品按所耗原材料成本计价。在产品2015年5月初原材料费用30 000元，2015年5月发生生产费用298 000元，其中原材料费用270 000元，直接人工费20 000元，制造费用8 000元。本月月末完工产品2 000件，完工产品8 000件。

【要求】计算5月份甲产品完工产品的总成本和单位成本。

6. 目的：练习在产品完工率。

【资料】某企业甲产品经过两道工序完成，完工产品工时定额40小时，各工序单位工时定额为：第一道工序16小时，第二道工序24小时。为简化核算，假定各工序内在产品完工程序平均为50%。

【要求】计算第一第二道工序在产品完工率。

7. 目的：练习在产品完工率（投料率）。

【资料】某企业甲产品经过两道工序完成，完工产品原材料消耗定额40千克，各工序消耗定额为：第一道工序16千克，第二道工序24千克。

【要求】（1）如果原材料在各工序生产开始时一次投料，计算第一第二道工序完工率。

（2）如果原材料在各工序生产开始后陆续投料，计算第一第二道工序完工率。为简化核算，假定各工序内在产品完工程序平均为50%。

8. 目的：练习约当产量法的计算。

【资料】某企业生产的A产品经过一道工序完成。2015年8月完工300台，在产品100台，平均完工程度为30%，本月发生生产费用合计为99 000元。

【要求】（1）计算在产品约当产量。

（2）计算A产品完工产品总成本和单位成本。

9. 目的：练习约当产量法的计算。

【资料】某企业甲产品经过两道工序完成，完工产品工时定额40小时，各工序单位工时定额为：第一道工序14小时，第二道工序26小时。为简化核算，假定各工序内在产品完工程序平均为50%。在产品数量：第一道工序1 000件，第二道工序1 500件。

【要求】（1）分工序计算在产品完工率。

（2）分工序计算在产品约当产量。

10. 目的：练习约当产量法的计算。

【资料】某企业甲产品经过两道工序完成，完工产品工时定额50小时，各工序单位工时定额为：第一道工序26小时，第二道工序24小时。为简化核算，假定各工序内在产品完工程序平均为50%。在产品数量：第一道工序1 200件，第二道工序1 500件。完工产品3 000件。2015年5月月初加本月制造费用共计89 040元。

【要求】(1) 分工序计算在产品完工率。

(2) 分工序计算在产品约当产量。

(3) 计算制造费用分配率。

(4) 分配完工产品和月末在产品的工资费用。

11. 目的：练习约当产量法的计算。

【资料】某企业生产甲产品，原材料在生产开始时一次投入，月末在产品完工程度为60%，甲产品本月完工600件，月末在产品100件，月初在产品费用为：直接材料32 000元，直接人工37 000元，制造费用10 000元。本月发生的生产费用为：直接材料45 000元，直接人工95 000元，制造费用56 000元。

【要求】按约当产量法计算甲产品完工产品成本和月末在产品成本。

12. 目的：练习约当产量法的计算。

【资料】某企业2015年5月生产乙产品，本月完工800件，月末在产品200件，原材料在生产开始时一次投入，在产品完工程度50%。有关月初在产品成本和本月生产费用见表7-1。

表7-1 月初在产品成本和本月生产费用

项 目	直接材料	燃料及动力	直接人工	制造费用	合 计
月初在产品成本	40 000	2 000	9 700	6 000	57 700
本月生产费用	270 000	22 300	60 500	25 500	378 300

【要求】按照约当产量法编制产品成本计算单（表7-2），计算乙产品完工产品成本和月末在产品成本，并编制完工产品入库的会计分录。

表7-2 产品成本计算单

产品名称：乙产品 2015年5月

项 目	直接材料	燃料及动力	直接人工	制造费用	合计
月初在产品成本（元）					
本月生产费用（元）					
生产费用合计（元）					
约当产量（件）					
分配率（元/件）					
完工产品成本（元）					
月末在产品成本（元）					

13. 目的：练习约当产量法的计算。

【资料】某企业甲产品经过三道工序完成，完工产品工时定额 40 小时，各工序单位工时定额为：第一道工序 8 小时，第二道工序 16 小时，第三道工序 16 小时。为简化核算，假定各工序内在产品完工程序平均为 50%。原材料在生产开始时一次投入。2015 年 5 月，在产品数量：第一道工序 1 000 件，第二道工序 1 200 件，第三道工序 1 500 件。完工产品 8 000 件。有关月初在产品成本和本月生产费用见表 7－3。

表 7－3　　月初在产品成本和本月生产费用

项　目	直接材料	燃料及动力	直接人工	制造费用	合　计
月初在产品成本	60 000	22 200	97 800	14 670	194 670
本月生产费用	80 400	75 600	195 600	489 000	840 600

【要求】（1）分工序计算完工率。

（2）计算在产品的约当产量。

（3）按照约当产量法编制产品成本计算单（表 7－4），计算乙产品完工产品成本和月末在产品成本。

（3）编制完工产品入库的会计分录。

表 7－4　　产品成本计算单

产品名称：乙产品　　2015 年 5 月

项　目	直接材料	燃料及动力	直接人工	制造费用	合计
月初在产品成本（元）					
本月生产费用（元）					
生产费用合计（元）					
约当产量（件）					
分配率（元/件）					
完工产品成本（元）					
月末在产品成本（元）					

14. 目的：练习约当产量法的计算。

【资料】某企业甲产品经过两道工序完成，完工产品原材料消耗定额 100 千克，各工序消耗定额为：第一道工序 40 千克，第二道工序 60 千克。2015 年 8 月在产品数量：第一道工序 500 件，第二道工序 500 件。完工产品 1 550 件。月初在产品和本月发生的原材料费用合计 517 500 元。

【要求】(1) 如果原材料在各工序生产开始时一次投料，计算各工序的完工率及在产品的约当产量，并按约当产量法计算分配完工产品与月末在产品的原材料费用。

(2) 如果原材料在各工序生产开始后陆续投料，计算各工序的完工率及在产品的约当产量，并按约当产量法计算分配完工产品与月末在产品的原材料费用。

15. 目的：练习约当产量法的计算。

【资料】某企业甲产品需经过三道工序，每道工序所需材料均在开始时一次投入，投料比例分别为 50%、30% 和 20%；三道工序的定额工时分别为 20 小时、20 小时和 10 小时。为简化核算，假定各工序内在产品完工程序平均为 50%。月末三道工序的在产品数量分别为 100 件、150 件和 120 件。

【要求】根据以上资料，计算 A 产品的月末在产品约当产量。

16. 目的：练习定额成本计价法的计算。

【资料】某企业 2015 年 8 月生产的 A 产品完工 1 000 件，月末在产品 500 件，原材料在生产开始时一次投入。月初在产品和本月发生的生产费用合计为：直接材料 30 000 元，直接人工 30 000 元，制造费用 28 000 元。定额成本为：直接材料每件产品 80 元，直接人工每小时 3 元，制造费用每小时 2 元，单位在产品的工时定额为 6 小时。

【要求】按定额成本计价法计算本月完工产品成本与月末在产品成本。

17. 目的：练习定额比例法的计算。

【资料】某企业生产甲产品，有关月初在产品成本和本月生产费用见表7-5。

表 7-5　　月初在产品成本和本月生产费用

摘　要	直接材料	直接人工	制造费用	合计
月初在产品成本	9 000	2 500	7 500	19 000
本月生产费用	180 000	22 500	30 000	232 500
生产费用合计	189 000	25 000	37 500	251 500

本月完工产品数量为 700 件，原材料费用定额每件产品 80 元，工时定额每件产品 3 小时。月末在产品数量为 200 件，原材料费用定额每件产品 80 元，工时定额每件产品 2 小时。

【要求】采用定额比例法分配本月完工产品成本和月末在产品成本（列示计算过程），并编制产品成本计算单（表 7-6）。

表 7－6 产品成本计算单

产品名称：甲产品 单位：元

摘要	直接材料	直接人工	制造费用	合计
月初在产品成本				
本月生产费用				
生产费用合计				
分配率				
本月完工产品成本				
月末在产品成本				

18. 目的：练习在产品按完工产品计算法。

【资料】某企业生产甲产品 2015 年 5 月月初在产品费用和本月发生费用累计数为：直接材料费用 25 600 元，直接人工 5 600 元，制造费用 6 400 元。完工产品 600 件，月末在产品 200 件，该产品已接近完工，月末在产品成本按完工产品成本计算。

【要求】计算完工产品与月末在产品的成本。

19. 目的：练习在产品按定额比例法。

【资料】某企业大量生产的甲产品是定型产品，有比较健全的定额资料和定额管理制度。2015 年 8 月完工甲产品 1 000 件，单位完工产品直接材料费用定额为 800 元，工时消耗定额为 90 小时。月末盘点停留在各生产工序的在产品 400 件，其中第一工序为 150 件，单位在产品直接材料费用定额为 600 元，工时消耗定额为 10 小时；第二工序为 140 件，单位在产品直接材料费用定额为 700 元，工时消耗定额为 45 小时；第三工序为 110 件，单位在产品直接材料费用定额为 800 元，工时消耗定额为 80 小时。采用定额比例法计算月末在产品和本月完工产品成本。有关月初在产品成本和本月生产费用见表 7－7。

表 7－7 月初在产品成本和本月生产费用

摘要	直接材料	直接人工	制造费用	合计
月初在产品成本	103 290	25 590	15 000	143 880
本月生产费用	929 670	294 210	176 880	1 400 760
生产费用合计	1 032 960	319 800	191 880	1 544 640

【要求】采用定额比例法分配本月完工产品成本和月末在产品成本（列示计算过程），并编制产品成本计算单（表 7－8）。

表7－8 **产品成本计算单**

产品名称：甲产品 单位：元

摘要	直接材料	直接人工	制造费用	合计
月初在产品成本				
本月生产费用				
生产费用合计				
分配率				
本月完工产品成本				
月末在产品成本				

六、简答题

1. 什么是在产品？简述广义在产品和狭义在产品的含义。
2. 试比较各种不同在产品成本计算方法适用条件的不同。

第八章 品种法核算

一、名词解释

1. 成本计算期
2. 多步骤生产
3. 大量生产
4. 成本计算期
5. 成本计算对象
6. 品种法
7. 简单生产

二、单项选择题

1. 企业应当根据(　　)，确定适合本企业的成本计算方法。

A. 企业经营特点和管理要求　　B. 生产规模

C. 产品的多少　　D. 职工人数

2. 最基本的成本计算方法是(　　)。

A. 品种法　　B. 分批法

C. 分步法　　D. 分类法

3. 以下关于品种法，错误的是(　　)。

A. 成本计算对象是企业的最终完工产品

B. 成本计算期一般与产品生产周期不一致

C. 是最基本的成本计算方法

D. 按照产品品种和生产步骤计算产品成本的方法

4. 不断重复生产品种相同的产品的生产，属于(　　)。

A. 大量生产　　B. 复杂生产

C. 成批生产　　D. 单件生产

5. 产品成本计算的品种法，是一种(　　)计算产品成本的方法。

A. 按产品品种、产品批别和产品生产步骤

B. 按产品品种、不按产品批别、按各生产步骤的各种产品

C. 按产品类别、不按产品批别和产品生产步骤

D. 按产品品种、按产品批别、不按各生产步骤的各种产品

6. 品种法的成本计算对象是(　　)。

A. 产品品种　　B. 产品类别

C. 批别或订单　　D. 生产步骤

7. 下列各项中，属于各种成本计算方法都必须提供的是(　　)。

A. 按品种反映的产品成本　　B. 按批别反映的产品成本

C. 按生产步骤反映的产品成本　　D. 按类别反映的产品成本

8. 品种法的成本计算期与(　　)是一致的。

A. 生产周期　　B. 会计报告期

C. 会计年度　　D. 产品完工期

9. 在各种成本计算方法中，品种法计算程序(　　)。

A. 最具特殊性　　B. 最具代表性

C. 最不完善　　D. 与其他方法完全不同

10. 产品成本计算的品种法的特点是(　　)。

A. 分步不分批　　B. 分批不分步

C. 既不分批也不分步　　D. 先按产品的类别计算

11. 如果企业只生产一种产品，那么发生的费用(　　)。

A. 全部是直接计入费用　　B. 全部是间接计入费用

C. 需要将生产费用进行分配后计入　　D. 部分是直接费用，部分是间接费用

12. 下列方法中，属于产品成本计算基本方法的是(　　)。

A. 定额成本法　　B. 分类法

C. 品种法　　D. 标准成本法

13. 产品成本计算的品种法，主要适用于(　　)生产情形的企业。

A. 大量大批多步骤　　B. 大量大批单步骤

C. 单件小批　　D. 单件成批

14. 工业企业产品成本的计算最终是通过下列(　　)账户进行的。

A. 制造费用　　B. 基本生产成本

C. 管理费用　　D. 辅助生产成本

15. 品种法适用的生产组织是(　　)。

A. 大量成批生产　　B. 大量小批生产

C. 单件小批生产　　D. 大量大批生产

16. 下列企业中，最常采用品种法计算产品成本的是(　　)。

A. 纺织厂　　B. 发电厂

C. 制衣厂　　D. 钢铁厂

17. 在大量单步骤生产的企业里，连续不断地重复生产一种或若干种产品，因而管理上只要求而且也只能按照(　　)计算成本。

A. 产品的批别　　B. 产品的品种

C. 产品的类别　　D. 产品的步骤

18. 下列各种产品成本计算方法，适用于单步骤、大量生产的是(　　)。

A. 逐步结转分步法　　B. 品种法

C. 分批法　　D. 平行结转分步法

19. 生产特点和管理要求对于产品成本计算的影响，主要表现在(　　)。

A. 产品生产的品种上　　B. 成本计算的程序上

C. 产品生产的批次上　　D. 成本计算对象的确定上

20. 生产按流水线组织，多步骤大量生产产品，且管理上不要求按生产步骤计算产品成本的企业，都应采用的产品成本计算方法是(　　)。

A. 品种法　　B. 分步法

C. 分批法　　D. 定额法

21. 适合汽车修理企业采用的成本计算方法是(　　)。

A. 品种法　　B. 分批法

C. 逐步结转分步法　　D. 平行结转分步法

22. 区别各种成本计算基本方法的主要标志是(　　)。

A. 成本计算日期

B. 成本计算对象

C. 间接费用的分配方法

D. 完工产品与在产品之间分配费用的方法

23. 关于品种法的叙述不正确的是(　　)。

A. 一般定期计算产品成本

B. 适用于大量大批的单步骤生产的企业

C. 适用于大量大批的多步骤生产的企业

D. 如果是生产一种产品，则不需要在成本计算对象之间分配间接费用

三、多项选择题

1. 产品成本计算的基本方法有(　　)。

A. 品种法　　B. 分批法

C. 分步法　　D. 分类法

2. 工业企业的生产按照工艺过程划分为（　　）。

A. 大量生产　　B. 单步骤生产

C. 单件生产　　D. 多步骤生产

3. 下列方法中，不属于产品成本计算辅助方法的是(　　)。

A. 定额法　　B. 分步法

C. 分类法　　D. 分批法

4. 受生产特点和管理要求的影响，产品成本计算对象包括(　　)。

A. 产品类别　　B. 产品品种

C. 产品批别　　D. 产品生产步骤

5. 品种法是产品成本计算最基本的方法，这是因为(　　)。

A. 品种法计算成本最简单

B. 品种法需要按月计算产品成本

C. 任何成本计算方法最终都要计算出各品种的成本

D. 品种法的成本计算程序最有代表性

6. 下列企业中，适合品种法计算产品成本的有(　　)。

A. 发电企业　　B. 汽车制造企业

C. 采掘企业　　D. 船舶制造企业

7. 品种法与其他成本计算方法的区别是(　　)不同。

A. 成本计算对象

B. 成本计算期

C. 生产费用在产成品和半成品之间的分配情况

D. 会计报告期

8. 品种法的成本计算期是与(　　)不相一致的。

A. 生产周期　　B. 会计报告期

C. 会计月度　　D. 产品完工日期

9. 品种法适用于(　　)。

A. 大量大批生产

B. 多步骤生产

C. 单步骤生产

D. 管理上不要求分步骤计算成本的多步骤生产

10. 下面对品种法说法不正确有(　　)。

A. 企业的辅助生产车间也可以采用品种法计算其产品（劳务）的成本

B. 是大量大批多步骤企业必须采用的成本计算方法

C. 一般没有生产费用在完工产品和在产品之间的分配

D. 可用于大量单步骤生产产品的企业

11. 品种法适用于(　　)。

A. 大量大批单步骤生产企业

B. 大量大批多步骤生产但管理上不要求分步计算成本的企业

C. 大量大批多步骤生产而且在管理上要求分步计算成本的企业

D. 小批单件生产企业

12. 下列企业一般采用品种法计算产品成本的有(　　)。

A. 糖果厂　　B. 砖瓦厂

C. 小型水泥厂　　D. 小型陶瓷厂

13. 下列各项中，属于品种法特点的有(　　)。

A. 以产品品种为成本计算对象　　B. 成本计算期与生产周期一致

C. 按月计算产品成本　　D. 月末通常要计算在产品成本

14. 关于品种法的叙述正确的有(　　)。

A. 适用于大量大批的单步骤生产的企业

B. 一般定期计算产品成本

C. 不需要分配生产费用

D. 如果是生产一种产品，则不需要在成本计算对象之间分配间接费用

15. 对于品种法的特点，正确的有(　　)。

A. 以产品品种为成本计算对象

B. 成本计算一般要按月进行

C. 月末一般应根据具体情况处理在产品成本

D. 不分步骤计算产品成本

16. 以下属于品种法特征的有(　　)。

A. 成本计算期与生产周期一致　　B. 按月定期计算产品成本

C. 一般适用于大量大批的生产　　D. 不一定要计算月末在产品成本

17. 下列各项属于品种法计算程序的有(　　)。

A. 按品种开设成本明细账或成本计算单

B. 归集并分配要素费用、辅助生产费用和制造费用

C. 分配计算完工产品成本和在产品成本

D. 编制完工产品成本汇总表，结转完工产品成本

18. 下列企业中，适合品种法计算产品成本的有(　　)。

A. 供水企业　　B. 汽车制造企业

C. 小型水泥厂　　D. 船舶制造企业

19. 下列有关品种法的计算程序叙述中正确的有(　　)。

A. 发生的各项直接费用直接计入各产品成本明细账

B. 发生的间接费用则采用适当的分配方法在各种产品之间进行分配

C. 如果只生产一种产品，只需为这种产品开设一张产品成本明细账

D. 如果生产多种产品，要按照产品的品种分别开设产品成本明细账

20. 对于品种法，下列说法正确的是(　　)。

A. 如果企业生产的产品属于多步骤，则应采用品种法计算产品成本

B. 如果是单步骤、大量生产的企业，则应采用品种法计算产品成本

C. 品种法是指以产品品种作为成本计算对象，归集和分配生产费用，计算产品成本的一种方法

D. 品种法下一般每月月末计算产品成本

四、判断题

1. 品种法是最基本的成本计算方法。品种法也称简单法，基本法。(　　)

2. 品种法在大量大批多步骤的生产企业，无论其管理要求如何，均不适用。(　　)

3. 品种法是以产品的品种为成本计算对象，用以归集生产费用，计算产品成本的一种方法。(　　)

4. 在单步骤生产中，生产费用不必在完工产品与在产品之间进行分配。(　　)

5. 生产组织不同对产品成本计算方法的影响是：品种法适用于小批单件生产；分批法适用于大批大量生产。(　　)

6. 一般来说，辅助生产成本的计算也可采用品种法计算其成本。(　　)

7. 品种法、分批法和分类法都属于成本计算的基本方法。(　　)

8. 单步骤生产或管理上不要求分步骤计算成本的多步骤生产，以品种或批别为成本计算对象，采用品种法或分批法。(　　)

9. 不论什么组织方式的制造企业、什么生产类型的产品，也不论成本管理要求如何，最终都必须按照产品品种计算出产品成本。(　　)

10. 单步骤生产都应采用品种法计算产品成本。(　　)

11. 品种法的成本计算对象可以是单件产品，也可以是生产步骤。(　　)

12. 品种法不属于产品成本计算辅助方法。(　　)

13. 计算产品成本时，无论采用何种成本计算方法，最终都需要计算出各种产品的实际总成本和单位成本，因此品种法是产品成本计算最基本的方法。(　　)

14. 品种法应按生产单位开设产品成本计算单。(　　)

15. 品种法的成本计算期与会计报告期一致，与生产周期不一致。(　　)

16. 产品成本计算的品种法，只适用于大量大批的单步骤生产的企业或车间。(　　)

17. 发电、供水、采掘等企业适合的成本计算方法是品种法。(　　)

18. 采用品种法计算产品成本，对月末在产品成本的处理要视期末是否有在产品以及在产品数量的多少来确定。(　　)

19. 根据企业生产经营特点和管理要求，单步骤、大量生产的产品一般采用品种法计算产品成本。(　　)

20. 品种法下，不需要在各种产品之间分配费用，也不需要在完工产品和期末在产品之间分配费用。(　　)

21. 一定时期的产品总成本和生产费用总额在任何情况下都是不相等的。(　　)

五、计算题

（一）目的：练习品种法的核算。

【资料】：某企业设有一个基本生产车间，大量生产甲、乙两种产品，采用品种法进行成本核算。设有机修、运输两个辅助生产车间，辅助车间制造费用单独核算，辅助生产费用采用直接分配法进行分配。2015 年 6 月有关业务如下：

1. 甲产品生产领用 19 000 元，乙产品生产领用 16 000 元，机修车间生产领用 1 100 元，运输车间生产领用 200 元，基本生产一般耗用 4 000 元，机修车间一般耗用 1 000 元，运输车间一般耗用 400 元，销售门市部耗用 5 000 元，行政管理部门耗用 3 000 元。

2. 运输车间生产耗用燃料 5 000 元，基本生产车间一般耗用燃料 700 元，机修车间一般耗用燃料 600 元，行政管理部门耗用燃料 500 元。

3. 领用低值易耗品一批实际成本 22 700 元，采用一次摊销法，其中：基本生产车间 6 000 元，机修车间 5 500 元，运输车间 5 100 元，销售门市部 4 000 元，行政管理部门 2 100 元。

4. 以银行存款支付外购电费 7 000 元，动力费用计入制造费用。分配外购电费：基本生产车间 5 000 元，机修车间 400 元，运输车间 200 元，销售门市部 1 000 元，行政管理部门 400 元。

5. 分配本月工资费用：甲产品生产工人工资 28 000 元，乙产品生产工人工资 25 000 元，机修车间生产工人工资 7 200 元，运输车间生产工人工资 6 000 元，基本生产车间管理人员工资 5 000 元，机修车间管理人员工资 3 600 元，运输车间管理人员工资 6 000 元，销售门市部人员工资 8 000 元，行政管理部门人员工资 6 900 元。

6. 按工资的 10% 计提福利费。

7. 计提本月固定资产折旧费：基本生产车间 10 600 元，机修车间 5 100 元，运输车间 3 200 元，销售门市部 800 元，行政管理部门 1 800 元。

8. 该企业坏账采用备抵法核算，本期计提坏账准备 2 700 元。

9. 以银行存款支付退休金 10 300 元。

10. 以银行存款支付研究开发费 1 800 元。

11. 以银行存款支付业务招待费 5 900 元。

12. 月末按银行公布的汇价调整外币存款户人民币余额，发生汇兑损失 1 000元。

13. 无形资产摊销 1 000 元。

14. 用银行存款支付印花税 1 200 元。

15. 用银行存款支付办公费用，其中基本生产车间 4 800 元，机修车间 2 500 元，运输车间 2 700 元，销售门市部 1 500 元，行政管理部门 3 000 元。

16. 用银行存款支付本季度短期借款利息 3 600 元。

17. 用银行存款支付广告费 1 000 元。

18. 分配结转辅助生产车间的制造费用。

19. 分配辅助生产费用，采用直接分配法，其中机修费用分配给基本生产车间 50%，销售门市部 20%，行政管理部门 30%，运输车间费用分配给销售门市部 80%，行政管理部门 20%。

20. 分配基本生产车间制造费用，其分配比例为甲产品 60%，乙产品 40%。

21. 该企业采用在产品按定额成本计价进行完工产品与在产品的费用分配。其甲产品期初在产品定额成本为：原材料 3 700 元，生产工资 2 500 元，制造费用 1 600 元；期末在产品定额成本为：原材料 2 800 元，生产工资 2 300 元，制造费用 1 400 元。乙产品期初在产品定额成本为：原材料 5 400 元，生产工资 3 300元，制造费用 2 100 元；期末在产品定额成本为：原材料 2 100 元，生产工资 1 800 元，制造费用 1 200 元。

22. 结转期间费用。

【要求】(1) 编制有关的会计分录。

(2) 计算两种产品的生产总成本、完工产品成本以及期末在产品成本，并结转完工产品成本。

(二) 目的：练习品种法的核算。

【资料】某企业生产甲产品采用品种法计算产品的成本。生产费用采用约当产量法在完工产品与月末在产品之间分配，原材料在生产开始时一次投入，期末在产品的完工程度平均按 50% 计算。2015 年 5 月有关甲产品成本费用资料如下：

(1) 月初甲在产品 2 000 件，直接材料为 2 200 000 元，直接人工为 180 000

元，制造费用为240 000元。

（2）本月投入生产甲产品8 000件，本月完工产品8 400件，月末在产品1 600件。

（3）本月生产甲产品发生有关成本费用资料如下：

①本月投入生产甲产品耗用主要材料7 000 000元，辅助材料400 000元，车间管理部门耗用材料30 000元。

②本月分配直接生产甲产品的工人工资1 458 000元，福利费183 600元，车间管理人员工资400 000元。

③本月确认的生产车间管理部门水电费307 000元，车间生产工人劳保用品费35 000元。

假定除上述资料外，不考虑其他因素。

【要求】（1）根据上述材料，编制甲产品的产品成本计算单，见表8－1。

表8－1　　　　产品成本计算单

产品名称：甲产品　　　　2015年5月　　　　单位：元

摘　　要	直接材料	直接人工	制造费用	合计
月初在产品成本	2 200 000	180 000	240 000	2 620 000
本月生产费用				
生产费用合计				
单位成本				
完工产品成本				
月末在产品成本				

（2）根据上述材料，编制结转完工入库甲产品成本的会计分录。

（三）目的：练习品种法的核算。

【资料】某企业为大量大批单步骤生产的企业，设有一个基本生产车间，生产甲、乙两种产品，甲产品耗用的原材料随加工程度陆续投入，乙产品耗用的原材料于生产开始时一次投入。还设有一个辅助生产车间——运输车间。根据生产特点和管理要求，企业采用品种法计算产品成本；对外购动力不单设成本项目，而是计入制造费用；对辅助生产车间的制造费用不通过“制造费用”科目核算，发生时直接计入“生产成本——辅助生产成本”。该厂对产品成本按直接材料、直接人工、制造费用分设了专栏。该厂2015年5月有关产品成本核算资料如下：

1. 产品生产资料如表 8－2 所示。

表 8－2　　产品生产资料

2015 年 5 月　　单位：件

产品名称	月初在产品	本月投产	完工产品	月末在产品	在产品完工率
甲	800	7 200	6 500	1 500	60%
乙	320	3 680	3 200	800	40%

2. 月初在产品成本如表 8－3 所示。

表 8－3　　月初在产品成本

2015 年 5 月　　单位：元

产品名称	直接材料	直接人工	制造费用	合计
甲	80 900	58 600	60 951. 5	200 451. 5
乙	61 760	29 480	27 318. 5	118 558. 5

3. 该厂本月发生生产费用资料如下：

（1）材料费用。生产甲产品耗用材料 44 100 元，生产乙产品耗用材料 37 040元，生产甲、乙产品共同耗用材料 90 000 元（甲产品材料定额消耗量为 30 000 千克，乙产品材料定额消耗量为 15 000 千克）。运输车间耗用材料 9 000 元，基本生产车间耗用消耗性材料 19 380 元。

（2）人工费用。基本生产车间生产工人薪酬 100 000 元，运输车间人员薪酬 8 000元，基本生产车间管理人员薪酬 16 000 元，行政管理部门管理人员薪酬 10 000元。

（3）外购动力费用。应付外购电费 15 000 元，其中甲、乙产品动力用电 12 000元，基本生产车间照明用电 1 100 元，运输车间用电 1 200 元，行政管理部门用电 700 元。

（4）其他费用。计提固定资产折旧费 8 000 元，其中基本生产车间 5 800 元，运输车间 1 200 元，行政管理部门 1 000 元；发生办公费 4 800 元，其中基本生产车间 4 020 元，运输车间 400 元，行政管理部门 380 元；发生差旅费 5 000元，其中基本生产车间 2 600 元，运输车间 1 600 元，行政管理部门 800 元；办公费和差旅费全部用银行存款支付。

4. 工时记录情况为：甲产品耗用实际工时为 9 000 小时，乙产品耗用实际工时为 11 000 小时。

5. 辅助生产车间提供劳务情况：运输车间共完成 8 600 千米运输工作量，其中基本生产车间耗用 7 000 千米，企业行政管理部门提供 1 600 千米。

6. 该厂所选择的有关费用分配方法如下：

（1）甲、乙产品共同耗用材料按定额耗用量比例分配；

（2）甲、乙产品共同耗用的生产工人薪酬费用、外购动力费用按生产工时比例分配；

（3）辅助生产费用按运输千米比例分配；

（4）制造费用按生产工时比例分配；

（5）按约当产量法分配计算甲、乙完工产品和月末在产品成本。

【要求】根据以上资料，采用品种法核算产品成本：

1. 完成产品成本计算。

（1）开设产品成本计算单。

（2）编制材料费用分配表，如表8－4所示。

表8－4　　　　　　　　　　材料费用分配表

2015年5月　　　　　　　　　　单位：元

应借科目		直接计入金额	分配计入金额			合计
			定额消耗量（千克）	分配率	分配金额	
基本生产成本	甲产品					
	乙产品					
	小计					
辅助生产成本	运输车间					
制造费用						
合　计						

（3）编制职工薪酬费用分配表，如表8－5所示。

表8－5　　　　　　　　　　职工薪酬费用分配表

2015年5月　　　　　　　　　　单位：元

应借科目		直接计入金额	分配计入金额			合计
			生产工时（小时）	分配率	分配金额	
基本生产成本	甲产品					
	乙产品					
	小计					
辅助生产成本	运输车间					
制造费用						
管理费用						
合　计						

（4）编制外购动力费用分配表，如表 8－6 所示。

表 8－6　　外购动力费用分配表

2015 年 5 月　　单位：元

应借科目		直接计入金额	分配计入金额			合计
			生产工时（小时）	分配率	分配金额	
基本生产成本	甲产品					
	乙产品					
	小计					
辅助生产成本	运输车间					
制造费用						
管理费用						
合　计						

（5）编制折旧费用计算表，如表 8－7 所示。

表 8－7　　折旧费用计算表

2015 年 5 月　　单位：元

应借账户	月应提折旧额
辅助生产成本——运输车间	
制造费用	
管理费用	
合　计	

（6）编制其他费用分配表，如表 8－8 所示。

表 8－8　　其他费用分配表

2015 年 5 月　　单位：元

应借账户	办公费	修理费	合计
辅助生产成本——运输车间			
制造费用			
管理费用			
合　计			

（7）编制辅助生产成本明细账，如表 8－9 所示。

表 8－9　辅助生产成本明细账

车间名称：运输车间　　2015 年 5 月　　单位：元

2015 年		凭证号数	摘　要	机物料	职工薪酬	电费	折旧费	办公费	修理费	合计
月	日									

（8）编制辅助生产费用分配表，如表 8－10 所示。

表 8－10　辅助生产费用分配表

车间名称：运输车间　　2015 年 5 月　　单位：元

应借账户	费用项目	耗用劳务数量（千米）	分配率	分配额
制造费用	运输费			
管理费用	运输费			
合计				

（9）编制制造费用明细账，如表 8－11 所示。

表 8－11　制造费用明细账

2015 年 5 月　　单位：元

2015 年		凭证号数	摘　要	机物料	职工薪酬	电费	折旧费	办公费	修理费	运输费	合计
月	日										
		略									

（10）编制制造费用分配表，如表 8－12 所示。

表 8－12　　制造费用分配表

2015 年 5 月　　单位：元

应借账户		生产工时（小时）	分配率	分配额
基本生产成本	甲产品			
	乙产品			
合计				

（11）甲、乙产品的产品成本明细账分别如表 8－13、表 8－14 所示。

表 8－13　　产品成本明细账

产品名称：甲产品　　2015 年 5 月　　单位：元

2015 年		凭证号数	摘　要	直接材料	直接人工	制造费用	合计
月	日						

表 8－14　　产品成本明细账

产品名称：乙产品　　2015 年 5 月　　单位：元

2015 年		凭证号数	摘　要	直接材料	直接人工	制造费用	合计
月	日						

（12）甲、乙产品的产品成本计算单分别如表 8－15、表 8－16 所示。

表 8－15 **产品成本计算单**

产品名称：甲产品 完工产品： 在产品： 完工程度：

2015 年 5 月 单位：元

项　目	直接材料	直接人工	制造费用	合计
月初在产品成本				
本月生产费用				
生产费用合计				
完工产品数量				
月末在产品数量				
在产品完工程度				
在产品约当产量				
约当总产量				
费用分配率				
完工产品成本				
月末在产品成本				

表 8－16 **产品成本计算单**

产品名称：乙产品 完工产品： 在产品： 完工程度：

2015 年 5 月 单位：元

项　目	直接材料	直接人工	制造费用	合计
月初在产品成本				
本月生产费用				
生产费用合计				
完工产品数量				
月末在产品数量				
在产品完工程度				
在产品约当产量				
约当总产量				
费用分配率				
完工产品成本				
月末在产品成本				

（13）结转完工产成品成本。

编制完工产品成本汇总表，如表8－17所示。

表8－17　　　　完工产品成本汇总表

2015年5月　　　　单位：元

产品	产量	完工产品总成本				完工产品单位成本
		直接材料	直接人工	制造费用	合计	
甲产品						
乙产品						
合　计						

2. 完成相关账务处理。

六、简答题

1. 简述工业企业的生产类型。
2. 简述企业生产类型对产品成本计算的影响。
3. 简述品种法的特点。
4. 简述品种法的计算程序。

第九章 产品成本计算的分批法

一、名词解释

1. 分批法　　2. 简化分批法

二、单项选择题

1. 分批法一般是按客户的订单来组织生产的，所以也称(　　)。

A. 订单法　　B. 系数法

C. 分类法　　D. 定额法

2. 采用分批法计算产品成本的企业有(　　)。

A. 大量单步骤生产的企业　　B. 按流水线组织生产的企业

C. 半成品对外销售的企业　　D. 小批量单件生产的企业

3. 简化的分批法适用范围不包括(　　)。

A. 同一月份投产的产品批数很多　　B. 月末完工产品的批次较少

C. 月末未完工的批次很多　　D. 小批单件生产的企业

4. 甲制药厂正在试制生产某疫苗。为了核算此疫苗的试制生产成本，该企业最适合选择的成本计算方法是(　　)。

A. 品种法　　B. 分步法

C. 分批法　　D. 品种法与分步法相结合

5. 关于分批法，下列说法正确的是(　　)。

A. 不存在完工产品与在产品之间费用的分配问题

B. 适用于小批、单件、管理上不要求分步骤计算成本的多步骤生产

C. 成本计算期与会计报告期一致

D. 以上说法全部正确

6. 在简化分批法下，累计间接费用分配率(　　)。

A. 只是在各批产品之间分配间接费用的依据

B. 只是在各批在产品之间分配间接费用的依据

C. 既是在各批产品之间，也是完工产品与在产品之间分配间接费用的依据

D. 只是完工产品与在产品之间分配间接费用的依据

7. 分批法的成本计算对象是(　　)。

A. 产品品种　　B. 产品批别

C. 产品类别　　D. 产品的生产步骤

8. 分批法适用的生产组织形式是(　　)的企业。

A. 大批量大批生产企业　　B. 大量小批生产企业

C. 小批单件生产企业　　D. 多步骤大批量生产企业

9. 下列各种产品成本核算方法，适用于单件、小批生产的是(　　)。

A. 品种法　　B. 分批法

C. 逐步结转分步法　　D. 平行结转分步法

10. 下列方法中，必须设置基本生产成本二级账的是(　　)。

A. 分类法　　B. 简化分批法

C. 定额法　　D. 简化品种法

11. 分批法的主要特点是(　　)。

A. 批内产品都同时完工，不存在完工产品与在产品之间分配费用的问题

B. 以产品批别为成本计算对象

C. 费用归集和分配比较简便

D. 定期计算成本

12. 简化分批法适用于(　　)的企业。

A. 投产批数繁多，而且未完工批数较多

B. 投产批数繁多，而且完工批数较多

C. 投产批数繁多，而未完工批数较少

D. 投产批数较少，而未完工批数较多

13. 产品成本计算不定期，一般也不存在完工产品与在产品之间费用分配问题的成本计算方法是(　　)。

A. 平行结转分步法　　B. 逐步结转分步法

C. 分批法　　D. 品种法

14. 采用简化分批法计算产品成本，基本生产成本二级账与产品成本计算单无法核对的项目是(　　)。

A. 月末在产品生产工时项目余额　　B. 月末在产品直接材料项目余额

C. 完工产品成本合计数　　D. 月末在产品间接计入费用项目余额

15. 成本计算分批法的特点不包括(　　)。

A. 产品成本计算期与产品生产周期基本一致，成本计算不定期

B. 月末一般不存在生产费用在完工产品与在产品之间进行分配的问题

C. 比较适用于冶金、纺织、造纸企业

D. 按照产品的批别计算成本

16. 在简化分批法下，关于累计间接费用分配率错误的是(　　)。

A. 在各批产品之间分配间接费用的依据

B. 在各批完工产品之间分配间接费用的依据

C. 本月完工产品与月末在产品之间分配间接费用的依据

D. 各批月末在产品之间分配间接费用的依据

17. 累计间接计入费用分配率是依据(　　)的有关数据计算的。

A. 基本生产成本明细账　　B. 基本生产成本总账

C. 基本生产成本二级账　　D. 都不是

18. 采用分批法计算产品成本时，如果批内跨月完工产品的数量较多，且月末批内完工产品数量占全部批量的比重较大，则完工产品成本可按(　　)计算。

A. 计划单位成本　　B. 约当产量比例分配

C. 近期同种产品的实际单位成本　　D. 定额单位成本

19. 简化分批法与一般分批法的主要区别是(　　)。

A. 不分配间接费用　　B. 分批计算直接材料成本

C. 不分批计算在产品成本　　D. 不分批计算完工产品成本

20. 采用简化分批法，在某批产品完工之前，产品成本计算单只需按月登记(　　)。

A. 直接费用　　B. 生产工时

C. 直接费用和生产工时　　D. 间接费用

三、多项选择题

1. 分批法具体可适用于以下(　　)情况。

A. 新产品的试制

B. 承担修理业务的企业

C. 产品种类经常变动的小规模生产企业

D. 根据购买者订单生产的企业

2. 采用分批法计算产品成本，在批内产品跨月陆续完工不多的情况下，结转完工产品成本的方法可以按(　　)。

A. 定额单位成本计算　　B. 计划单位成本计算

C. 近期同种产品实际单位成本计算　　D. 暂不结转，待全部完工后一并计算

3. 采用分批法计算产品成本，作为某一成本计算对象的批别，可以按以下

方法确定(　　)。

A. 一个订单中的不同产品　　B. 一个订单中的相同产品

C. 不同订单中的相同产品　　D. 不同订单中的不同产品

4. 采用简化分批法，在各批产品成本明细账中，没有完工产品的月份，只登记(　　)。

A. 生产工时　　B. 直接材料

C. 直接人工费用　　D. 制造费用

5. 采用分批法计算产品成本，若批内产品跨月陆续完工情况较多，月末批内完工产品数量占全部批量的比重较大，则生产费用在完工产品与在产品成本之间的分配，可以按(　　)。

A. 定额比例法　　B. 约当产量法

C. 在产品按定额成本计价　　D. 直接分配法

6. 采用简化分批法，必须具备的条件是(　　)。

A. 月末未完工产品批数比较多

B. 各个月份的间接计入费用的水平相差不多

C. 月末完工产品批数比较多

D. 同一月份投产的产品批数很多

7. 在简化分批法下，(　　)。

A. 在产品完工之前，产品成本计算单只登记直接材料费用和生产工时

B. 在产品完工之前，产品成本计算单既要登记直接计入费用，又要登记间接计入费用

C. 在基本生产成本二级账中，既要登记直接计入费用，又要登记间接计入费用

D. 只在有完工产品的那个月份，才计算完工产品成本

8. 下列各种产品成本计算方法，不适用于单件、小批生产且管理上不要求分步骤计算成本的多步骤生产的是(　　)。

A. 分类法　　B. 分批法

C. 逐步结转分步法　　D. 平行结转分步法

9. 分批法适用于(　　)。

A. 小批生产

B. 管理上不要求分步计算成本的多步骤生产

C. 安装业务

D. 单件生产

10. 简化分批法的适用范围的应用条件是(　　)。

A. 同一月份投产的产品批数很多　　B. 月末完工产品的批数较少
C. 各月间接费用水平相差不多　　D. 各月生产费用水平相差不多
11. 采用简化分批法，在产品完工以前，产品成本明细账(　　)。
A. 登记直接费用　　B. 登记间接费用
C. 登记生产工时　　D. 不登记任何费用
12. 采用简化分批法，各月(　　)。
A. 只计算完工产品成本
B. 计算全部在产品总成本
C. 不分批计算在产品成本
D. 不在完工产品与在产品之间分配费用
13. 以下属于分批法的特点的是(　　)。
A. 必须设立基本生产成本二级账
B. 在产品完工之前，产品成本明细账只登记原材料费用和生产工时
C. 通过计算累计费用来分配间接计入费用
D. 不分批计算在产品成本
14. 在简化分批法下，累计间接费用分配率是(　　)。
A. 在各批产品之间分配间接费用的依据
B. 在各批完工产品之间分配间接费用的依据
C. 完工产品与月末在产品之间分配间接费用的依据
D. 各批月末在产品之间分配间接费用的依据
15. 采用简化分批法，基本生产成本的二级账登记(　　)。
A. 直接费用　　B. 间接费用
C. 生产工时　　D. 期间费用
16. 企业基本生产所发生的各项费用，在计入“基本生产成本”账户的借方时，对应贷方账户可能有(　　)。
A. 原材料　　B. 辅助生产成本
C. 制造费用　　D. 银行存款
17. 分批法的最主要特点是(　　)。
A. 成本计算期与产品生产周期一致　　B. 以产品的品种为成本核算对象
C. 以产品的批别为成本核算对象　　D. 成本计算期与财务报告期一致

四、判断题

1. 企业按照客户订单组织产品生产的情况下，应当采用品种法计算产品成本。(　　)

2. 如果一个订单的批量较大，我们可以把它分为几批组织生产。(　　)

3. 在月末未完工产品批数较多的情况下，不适宜采用简化分批法。(　　)

4. 在单件小批生产的企业中，按照产品批别计算产品成本，产品的批别和每批的批量多是根据购买者的订单来确定的，故分批法也称订单法。(　　)

5. 采用简化分批法计算产品成本，不必设置基本生产成本二级账。(　　)

6. 采用分批法计算产品成本时，不存在完工产品与月末在产品之间分配费用的问题。(　　)

7. 采用分批法计算产品成本时，由于产品批量小，批内产品一般都能同时完工或在相距不远的时间内全部完工，因而一般不存在生产费用在完工产品与在产品之间分配的问题。(　　)

8. 简化分批法就是不分批计算在产品成本的分批法。(　　)

9. 分批法下的产品批量必须根据购买者的订单确定。(　　)

10. 如果几张订单都定有同一种产品，虽然数量都不多，也不可将其合并为一批。(　　)

11. 如果一张订单中有几种产品，也应合为一批组织生产。(　　)

12. 为了使同一批产品同时完工，避免跨月陆续完工的情况，减少在完工产品与月末在产品之间分配费用的工作，产品的批量越小越好。(　　)

13. 如果订单中只有一件产品，但较大型和复杂，生产周期长，也可按产品的组成部分将其分为数批投产。(　　)

14. 在简化分批法下，仍应按照产品批别设立产品成本明细账，但在各该批产品完工以前，账内只需按月登记直接计入费用和生产工时。(　　)

15. 采用简化分批法计算产品成本，各批完工产品的间接计入费用是根据完工产品生产工时和累计间接计入费用分配率计算的。(　　)

16. 采用简化分批法，能够准确地核算产品的成本。(　　)

17. 在小批单件生产的企业或车间中，如果同一月份投产的产品批数较多，就可以采用简化分批法计算产品成本。(　　)

18. 采用简化分批法，必须设立基本生产成本二级账。(　　)

19. 采用分批法计算产品成本，只有在该批产品全部完工时才计算完工产品成本。(　　)

20. 采用简化的分批法，是将生产费用在各成本计算对象之间的横向分配和生产费用在完工产品和期末在产品之间的纵向分配结合起来。(　　)

21. 采用累计间接费用，在间接费用水平相差悬殊的情况下，会影响成本的正确性。(　　)

22. 采用简化分批法，适用于当月投产的批数较多，并且月末未完工的批数

也很多的情况。采用这种方法，简化了费用的分配和登记工作。(　　)

五、计算题

（一）目的：练习产品成本计算的分批法。

【资料】某企业采用分批法计算产品成本，原材料在开始生产时一次性投入，在产品完工程度为50%，月末采用约当产量法分配完工产品与在产品费成本。该厂 2015 年 6 月份有关成本资料如下：

（1）6 月份各批产品投产及完工情况。

502 批号 A 产品，计划产量 60 台，投产日期 5 月 10 日，完工日期 6 月 22 日；

601 批号 B 产品，计划产量 30 台，投产日期 6 月 1 日，6 月份完工 25 台，月末在产品 5 台；

602 批号 C 产品，计划产量 10 台，投产日期 6 月 20 日，6 月份没有完工产品。

（2）6 月份期初在产品成本。

502 批号 A 产品期初在产品成本为 66 000 元，其中，直接材料为 51 500 元，直接人工为 13 600 元，制造费用为 900 元。

（3）本月发生费用。

502 批号 A 产品：直接人工 18 000 元，制造费用 9 000 元；

601 批号 B 产品：直接材料 39 000 元，直接人工 27 500 元，制造费用 4 125 元；

602 批号 C 产品：直接材料 30 000 元，直接人工 20 000 元，制造费用 6 000 元。

【要求】（1）采用分批法计算本月完工产品的总成本和单位成本，并编制生产成本明细账。

（2）编制有关结转完工产品总成本的会计分录。

表 9－1　　　　　　　　　　**生产成本明细账**

批号：　　　　　　　　投产批量：　件　　　　　投产日期：　月　日

产品名称：　　　　　　完工批量：　件　　　　　完工日期：　月　日　单元：元

年		摘　要	直接材料	直接人工	制造费用	合计
月	日					
		月初在产品成本				
		本月发生生产费用				
		生产费用合计				
		完工产品总成本				
		完工产品单位成本				

表 9－2　　　　生产成本明细账

批号：　　　　投产批量：　件　　　　投产日期：　月　日

产品名称：　　完工批量：　件　　　　完工日期：　月　日　　单元：元

年		摘　要	直接材料	直接人工	制造费用	合计
月	日					
		本月发生生产费用				
		生产费用合计				
		费用分配率				
		完工产品总成本				
		完工产品单位成本				
		月末在产品成本				

表 9－3　　　　生产成本明细账

批号：　　　　投产批量：　件　　　　投产日期：　月　日

产品名称：　　完工批量：　件　　　　完工日期：　月　日　　单元：元

年		摘　要	直接材料	直接人工	制造费用	合计
月	日					
		本月发生生产费用				
		生产费用合计				
		月末在产品成本				

表 9－4　　　　完工产品成本汇总表

年　月　　　　单位：元

成本项目	A 产品（产量　件）		B 产品（产量　件）	
	总成本	单位成本	总成本	单位成本
直接材料				
直接人工				
制造费用				
合　计				

（二）目的：练习产品成本计算的分批法。

【资料】某企业生产甲、乙、丙三种产品，生产组织属于小批生产，采用分批法计算成本。

（1）2015年9月份生产的产品批号。

1001批号：甲产品10台，本月投产，本月完工8台。

1002批号：乙产品50台，本月投产，本月全部未完工。

1003批号：丙产品20台，上月投产，本月完工5台。

（2）1003批号2015年9月月初在产品成本：原材料12 000元，工资及福利费10 600元，制造费用20 400元。

（3）2015年10月各批号生产费用。

1001批号：原材料33 600元，工资及福利费18 000元，制造费用27 000元。

1002批号：原材料100 500元，工资及福利费13 200元，制造费用11 000元。

1003批号：原材料38 000元，工资及福利费24 500元，制造费用30 200元。

1001批号甲产品完工数量较大，原材料在生产开始时一次投入，其他费用在完工产品与在产品之间采用约当产量法分配，在产品完工程度为50%。

1002批号由于全部未完工，本月生产费用全部是在产品成本。

1003批号丙产品完工数量少，完工产品按计划成本结转。每台产品计划单位成本：原材料1 900元，工资及福利费1 800元，制造费用2 500元。

【要求】（1）采用分批法计算本月完工产品总成本和单位成本，并编制生产成本明细账。

（2）编制有关结转完工产品总成本的会计分录。

表9－5　　生产成本明细账

产品批号：　　投产日期：　月　日　　投产批量：　　台

产品名称：　　完工日期：　月　日　　完工批量：　　台　　单元：元

年		摘　要	直接材料	直接人工	制造费用	合计
月	日					
		本月生产费用				
		生产费用合计				
		完工产品成本				
		完工产品单位成本				
		月末在产品成本				

表 9－6　　生产成本明细账

产品批号：　　　　投产日期：　月　日　投产批量：　　台

产品名称：　　　　完工日期：　月　日　完工批量：　　台　　单元：元

年		摘　要	直接材料	直接人工	制造费用	合计
月	日					
		本月生产费用				
		生产费用合计				
		月末在产品成本				

表 9－7　　生产成本明细账

产品批号：　　　　投产日期：　月　日　投产批量：　　台

产品名称：　　　　完工日期：　月　日　完工批量：　　台　　单元：元

年		摘　要	直接材料	直接人工	制造费用	合计
月	日					
		月初在产品成本				
		本月生产费用				
		生产费用合计				
		完工产品成本				
		完工产品单位成本				
		月末在产品成本				

（三）目的：练习产品成本计算的分批法。

【资料】某企业属单件小批多步骤生产企业，有一个基本生产车间。小批生产甲、乙、丙三种产品，产品成本计算采用分批法，设置了直接材料、直接人工、制造费用三个成本项目。2015 年 9 月份的有关成本计算资料如下：

1. 各生产批别批量、投产与完工资料如下：

（1）301 号甲产品 100 件，8 月份投产，本月全部完工。

（2）401 号乙产品 10 件，8 月份投产，本月完工 6 件，未完工 4 件，在产品完工程度为 50%。

（3）501 号丙产品 15 件，本月份投产，尚未完工。

2. 月初在产品成本

表 9－8　　　　　　**月初在产品成本表**

2010 年 9 月　　　　　　单位：元

产品名称	直接材料	直接人工	制造费用	合计
301 甲	100 000	21 000	38 000	159 000
401 乙	70 000	26 000	3 000	99 000

3. 该厂本月发生生产费用资料如下：

（1）材料费用。生产 501 丙产品耗用材料 150 000 元，基本生产车间耗用消耗性材料 20 000 元。

（2）人工费用。基本生产车间生产工人薪酬 36 000 元，基本生产车间管理人员薪酬 6 000 元，行政管理部门管理人员薪酬 12 000 元。

（3）外购动力费用。应付外购电费 21 000 元，其中生产产品动力用电 18 000元，基本生产车间照明用电 1 000 元，行政管理部门用电 2 000 元。

（4）其他费用。计提固定资产折旧费 54 000 元，其中基本生产车间 36 000 元，行政管理部门 18 000 元。

4. 本月工时记录情况为：301 号甲产品耗用实际工时为 800 小时，401 号乙产品耗用实际工时为 700 小时，501 号丙产品耗用实际工时为 300 小时。

5. 401 号乙产品本月完工产品数量在批内所占比重较大（60%），采用约当产量比例法在完工产品和月末在产品之间进行分配费用。

6. 生产工人薪酬费用、外购动力费用、制造费用按生产工时比例分配。

【要求】（1）编制有关会计分录。

（2）采用分批法计算本月完工产品总成本和单位成本，并编制生产成本明细账。

表 9－9　　　　　　**职工薪酬费用分配表**

2015 年 9 月　　　　　　单位：元

应借科目		直接计入金额	分配计入金额			合计
			生产工时（小时）	分配率	分配金额	

表 9－10　　外购动力费用分配表

2015 年 9 月　　单位：元

应借科目		直接计入金额	分配计入金额			合计
			生产工时（小时）	分配率	分配金额	

表 9－11　　制造费用明细账

2015 年 9 月　　单位：元

2015 年		凭证号数	摘　要	机物料	职工薪酬	电费	折旧费	办公费	合计
月	日								

表 9－12　　制造费用分配表

2015 年 9 月　　单位：元

应借账户		生产工时（小时）	分配率	分配额

表 9－13　　　　　　　　**产品成本计算单**

产品批号：08301　　　　产品名称：甲产品　　　　产品批量：

投产日期：8 月 2 日　　　完工日期：9 月 22 日　　　完工数量：

2015 年 9 月　　　　　　单位：元

项　　目	直接材料	直接人工	制造费用	合计

表 9－14　　　　　　　　**产品成本计算单**

产品批号：401　　　　产品名称：乙产品　　　　产品批量：

投产日期：8 月 5 日　　　完工日期：9 月 26 日　　　完工数量：

2015 年 9 月　　　　　　单位：元

项　　目	直接材料	直接人工	制造费用	合计

表 9－15　　　　　　　　**产品成本计算单**

产品批号：501　　　　产品名称：丙产品　　　　产品批量：

投产日期：9 月 8 日　　　完工日期：　　　完工数量：

2015 年 9 月　　　　　　单位：元

项　　目	直接材料	直接人工	制造费用	合计
月初在产品成本				
本月生产费用合计				

表 9-16 完工产品成本汇总表

2015 年 9 月　　单位：元

批次	产品	产量	完工产品总成本				完工产品单位成本
			直接材料	直接人工	制造费用	合计	

（四）目的：练习产品成本计算简化分批法。

【资料】某企业的生产组织属于小批生产，产品批数多，为简化核算，采用简化分批法计算产品成本。2015 年 7、8 月份有关成本资料如下：

（1）产品批号及完工情况见表 9-17。

表 9-17 产品批号及完工情况

批号	产品产量	投产日期	完工情况
301	甲产品 15 件	7 月 10 日投产	8 月 15 日完工
302	乙产品 12 件	7 月 21 日投产	8 月 19 日完工 2 件
303	丙产品 10 件	8 月 11 日投产	尚未完工

（2）各批号各月份发生的原材料费用及生产工时见表 9-18。

表 9-18 各批号各月份发生的原材料费用及生产工时

批号	原材料	生产工时
301	7 月份原材料 15 000 元	生产工时 1 120 小时
	8 月份原材料 12 000 元	生产工时 1 880 小时
302	7 月份原材料 36 000 元	生产工时 4 000 小时
	8 月份原材料 0 元	生产工时 6 000 小时
303	8 月份原材料 12 000 元	生产工时 1 300 小时

（3）302 产品的原材料在生产开始时一次投入，其 2 件完工产品的生产工时为 3 500 小时。

（4）7 月份该厂全部在产品的工资及福利费 76 800 元，制造费用 51 200 元。

（5）8 月份该厂全部产品的工资及福利费 209 200 元，制造费用 163 300 元。

【资料】采用简化分批法，登记基本生产成本二级账和各批产品生产成本明细账，计算完工产品成本。

表 9－19 基本生产成本二级账

2015 年 8 月 单位：元

2015 年		摘 要	直接材料	生产工时	直接人工	制造费用	成本合计
月	日						
7	31	月末在产品成本					
8	31	本月发生费用					
8	31	累计生产费用					
8	31	累计间接费用分配率					
8	31	完工产品成本					
8	31	月末在产品成本					

表 9－20 基本生产成本明细账

产品批号：301 产品名称： 产品批量：

投产日期： 完工日期： 完工数量：

2015 年 8 月 单位：元

2010 年		摘 要	直接材料	生产工时	直接人工	制造费用	成本合计
月	日						
7	31	月末累计					
8	31	本月发生					
8	31	月末累计					
8	31	累计间接费用分配率					
8	31	完工产品成本					
8	31	完工产品单位成本					

表 9－21 基本生产成本明细账

产品批号：302 产品名称： 产品批量：

投产日期： 完工日期： 完工数量：

2015 年 8 月 单位：元

2010 年		摘 要	直接材料	生产工时	直接人工	制造费用	成本合计
月	日						
7	31	月末累计					
8	31	本月发生费用					
8	31	月末累计					
8	31	累计间接费用分配率					
8	31	完工产品成本					
8	31	完工产品单位成本					
8	31	月末在产品余额					

表 9－22 **基本生产成本明细账**

产品批号：303 产品名称： 产品批量：

投产日期： 完工日期： 完工数量：

2015 年 8 月 单位：元

2015 年		摘　　要	直接材料	生产工时	直接人工	制造费用	成本合计
月	日						
8	31	月末累计					

六、简答题

1. 简述分批法的适用范围。
2. 简述分批法的特点。
3. 简述分批法的计算程序。

第十章 产品成本计算的分步法

一、名词解释

1. 分步法
2. 逐步结转分步法
3. 逐步综合结转分步法
4. 逐步分项结转分步法
5. 平行结转分步法
6. 成本还原

二、单项选择题

1. 分步法是以产品的(　　)作为成本计算对象来归集生产费用，计算产品成本的一种方法。

A. 生产步骤　　B. 生产车间

C. 产品品种　　D. 产品批次

2. 分步法主要适用于(　　)生产工艺形式的生产。

A. 简单生产　　B. 单步骤生产

C. 多步骤生产　　D. 大量生产

3. 逐步结转分步法主要适用于(　　)。

A. 大量大批连续式多步骤生产企业　　B. 大量大批装配式多步骤生产企业

C. 大量大批单步骤生产企业　　D. 单件小批多步骤生产企业

4. 逐步结转分步法的成本计算对象是(　　)。

A. 产品品种及所经过的生产步骤　　B. 生产车间

C. 各生产步骤的半成品　　D. 产品的类别

5. 下列称为计算半成品成本分步法的是(　　)。

A. 分项结转分步法　　B. 平行结转分步法

C. 综合结转分步法　　D. 逐步结转分步法

6. 采用逐步结转分步法，各步骤期末完工产品含义是指(　　)。

A. 产成品　　B. 狭义的完工产品

C. 最终产品　　D. 广义的完工产品

7. 采用逐步结转分步法，各步骤期末在产品含义是指(　　)。

A. 狭义在成品　　B. 广义在产品

C. 废品　　D. 自制半成品

8. (　　)也称为不计算半成品成本分步法。

A. 计划成本分步法　　B. 逐步结转分步法

C. 平行结转分步法　　D. 实际成本分步法

9. (　　)分步法，可简化和加速成本计算的工作。

A. 平行结转分步法　　B. 逐步结转分步法

C. 逐步综合结转分步法　　D. 逐步分项结转分步法

10. (　　)的半成品实物转移而其成本不转移，仍保留在产出步骤的成本明细账中，各步骤的生产费用，只是各步骤本身发生的费用，没有上一步骤转入的费用。

A. 逐步分项结转分步法　　B. 逐步结转分步法

C. 逐步综合结转分步法　　D. 平行结转分步法

11. 分步法中需要进行成本还原的成本计算方法是(　　)。

A. 分项结转　　B. 平行结转

C. 综合结转　　D. 逐步结转

12. 连续式多步骤生产企业采用平行结转分步法下，月末每个步骤需要分配的完工产品含义是指(　　)。

A. 半成品　　B. 狭义的完工产品

C. 完工入库的半成品　　D. 广义的完工产品

13. 连续式多步骤生产企业采用平行结转分步法下，月末每个步骤需要分配的在产品含义是指(　　)。

A. 半成品　　B. 狭义的在产品

C. 每个步骤的在制品　　D. 广义的在产品

14. 在逐步结转分步法下，若半成品通过半成品库进行收发，则还要增设(　　)明细账且要按照成本项目分别登记。

A. 库存商品　　B. 产成品

C. 自制半成品　　D. 原材料

15. 成本还原是将(　　)成本中的自制半成品成本项目的成本，还原为原始成本项目的成本。

A. 自制半成品　　B. 在产品

C. 产成品　　D. 广义在产品

16. 采用综合逐步结转分步法时，如果产成品的生产步骤是三步，则应还原(　　)。

A. 0 次　　B. 1 次

C. 2 次　　D. 3 次

17. 采用平行结转分步法在月末计算完工产品成本时应(　　)。

A. 按成本项目平行结转各生产步骤应计入产成品的份额

B. 逐步结转各生产步骤应计入产成品的份额

C. 分项结转各生产步骤应计入产成品的份额

D. 综合结转各生产步骤应计入产成品的份额

18. 采用综合逐步结转分步法时，若半成品入库，应借记(　　)科目。

A. 基本生产成本　　B. 辅助生产成本

C. 制造费用　　D. 自制半成品

19. (　　)企业必要采用逐步结转分步法。

A. 没有自制半成品的

B. 有自制半成品对外销售的

C. 有自制半成品直接交给下一个生产步骤的

D. 不计算各步骤半成品成本的

20. 成本还原是指从(　　)生产步骤开始。

A. 最前一个　　B. 最后一个

C. 中间一个　　D. 以上都可以

21. 分项逐步结转分步法相对于综合逐步结转分步法来说，最大的优点在于(　　)。

A. 不需要进行成本还原　　B. 有利于各生产步骤的成本管理

C. 可简化成本计算工作　　D. 可进行人员分工

22. 分步法与品种法最主要的区别在于(　　)。

A. 成本计算对象不同　　B. 成本计算期不同

C. 成本项目不同　　D. 以上都对

23. 逐步结转分步法的缺点是(　　)。

A. 不能提供各生产步骤所耗上一步骤的半成品成本资料

B. 不能提供各生产步骤所生产的本步骤的半成品成本资料

C. 不便于进行成本管理

D. 不能提供按原始成本项目反映的成本资料

24. 某种产品由三个生产步骤加工完成，采用逐步结转分步法计算成本。本月第一生产步骤转入第二生产步骤的生产费用为 2 900 元，第二生产步骤转入第三生产步骤的生产费用为 4 500 元。本月第三生产步骤发生的费用为 6 100 元，第三步骤月初在产品费用为 1 500 元，月末在产品费用为 1 100 元，本月该种产品的产成品成本为(　　)元。

A. 11 000　　B. 13 900

C. 6 500　　D. 7 600

25. 逐步结转分步法的优点是(　　)。

A. 便于考核和分析产品成本计划的执行情况

B. 半成品成本结转与实物转移同步，便于资金与实物管理的结合

C. 成本还原计算工作比较简单

D. 能提供按原始成本项目反映的成本资料

26. 逐步结转分步法下，月末每个步骤在完工产品与在产品之间分配的生产费用不包括(　　)。

A. 上步骤所发生的生产费用

B. 该月该步骤的期初生产费用

C. 该月该步骤发生的生产费用

D. 该月上步骤结转到本步骤的半成品成本

三、多项选择题

1. 逐步结转分步法主要适用于以下(　　)情况。

A. 半成品对外销售的企业　　B. 大批量连续式多步骤生产企业

C. 实行厂内经济核算的企业　　D. 半成品不对外销售的企业

2. 以下关于成本计算分步法的表述中，正确的有(　　)。

A. 逐步结转分步法有利于各步骤在产品的实物管理和成本管理

B. 当企业经常对外销售半成品时，不宜采用平行结转分步法

C. 采用逐步分项结转分步法时，需要进行成本还原

D. 采用平行结转分步法时，无须将产品生产费用在完工产品和在产品之间进行分配

3. 逐步结转分步法按照半成品成本转入下一步骤成本明细账中的反映方式不同，可分为(　　)。

A. 综合逐步结转分步法　　B. 平行成本结转分步法

C. 实际成本结转分步法　　D. 分项逐步结转分步法

4. 分步法按是否计算并结转半成品成本分为(　　)。

A. 综合逐步结转分步法　　B. 逐步结转分步法

C. 平行结转分步法　　D. 分项逐步结转分步法

5. 逐步结转分步法下，月末每个步骤在完工产品与在产品之间分配的生产

费用所包括的内容有(　　)。

A. 上步骤所发生的生产费用

B. 该月该步骤的期初生产费用

C. 该月该步骤发生的生产费用

D. 该月上步骤结转到本步骤的半成品成本

6. 平行结转分步法可适用于(　　)。

A. 大量大批装配式多步骤生产企业

B. 大量大批连续式多步骤生产企业

C. 大量大批单步骤生产企业

D. 管理上不要求分步计算的大量大批多步骤生产企业

7. 平行结转分步法下，月末每个步骤在完工产品与在产品之间分配的生产费用包括(　　)。

A. 上步骤所发生的生产费用

B. 该月该步骤的期初生产费用

C. 该月该步骤发生的生产费用

D. 该月上步骤结转到本步骤的半成品成本

8. 综合逐步结转分步法下，上一生产步骤的半成品综合成本可转入下一生产步骤产品成本明细账的(　　)项目内。

A. 直接人工　　B. 制造费用

C. 直接材料　　D. 半成品

9. 在通过半成品库收发的综合结转方式下，下一步骤从半成品库领用半成品的实际单位成本可按(　　)方法计算。

A. 先进先出法　　B. 移动加权平均法

C. 全月一次加权平均法　　D. 最近入库半成品的单位成本

10. 下面关于综合逐步结转分步法，说法错误的是(　　)。

A. 有利于各生产步骤的成本管理　　B. 不利于各生产步骤的成本管理

C. 需要进行成本还原　　D. 不需要进行成本还原

11. 采用平行结转分步法时，关于完工产品与在产品之间的费用分配错误的是(　　)。

A. 各生产步骤完工半成品与月末加工中在产品之间费用的分配

B. 各步骤产成品与各步骤在产品之间的费用分配

C. 产成品与月末各步骤尚未加工完成的在产品和各步骤已完工但尚未最终完成的产品

D. 产成品与月末加工中在产品之间的费用分配

12. 在平行结转分步法下，常用的方法有(　　)。

A. 不计算在产品成本法　　B. 约当产量法

C. 定额比例法　　D. 交互分配法

13. 广义的在产品是指(　　)。

A. 尚在本步骤加工中的在产品　　B. 已转入半成品库的半成品

C. 等待验收入库的产成品　　D. 等待返修的废品

14. 下面关于平行结转分步法，说法正确的是(　　)。

A. 不计算半成品成本　　B. 半成品实物转移但成本不结转

C. 可简化和加速成本计算工作　　D. 不需要进行成本还原

15. 分步法成本计算对象为(　　)。

A. 各种产成品及其所经过的生产步骤　　B. 最终完工产品

C. 各种产成品　　D. 各步骤半成品

16. 连续式多步骤生产企业应用平行结转分步法计算产品成本时，若月末采用约当产量法计算每步骤应计入完工产品（产成品）成本“份额”，在计算某步骤半成品（或产成品）某成本项目单位成本时，其分母由(　　)构成。

A. 完工产成品所耗该步骤半成品（或产成品）数量

B. 该步骤完工半成品（或产成品）数量

C. 该步骤该成本项目月末广义在产品约当产量

D. 该步骤该成本项目月末狭义在产品约当产量

17. 下面关于逐步结转分步法，说法正确的是(　　)。

A. 计算半成品成本　　B. 半成品实物转移成本也结转

C. 可简化和加速成本计算工作　　D. 不计算半成品成本

18. 逐步结转分步法与平行结转分步法相比较，其区别主要在于(　　)。

A. 适用范围不同　　B. 半成品成本结转方式不同

C. 产成品成本计算方法不同　　D. 提供成本管理资料详略不同

19. 半成品成本的综合结转可以采用下面(　　)方式结转。

A. 实际成本结转　　B. 计划成本结转

C. 定额成本结转　　D. 分项结转

20. 分步法中能够直接反映产成品成本的原始构成项目的成本计算方法是(　　)。

A. 综合逐步结转分步法　　B. 分项逐步结转分步法

C. 平行结转分步法　　D. 逐步结转分步法

四、判断题

1. 分步法用于大量、大批、多步骤生产，并且管理上不要求按生产步骤计

算每个步骤的产品成本的企业。( )

2. 分步法主要适用于大量大批单步骤生产。( )

3. 分步法以产品品种及所经过的生产步骤作为成本计算对象。( )

4. 分步法在实际工作中，存在多个生产步骤为一个成本计算步骤或一个生产步骤分多个成本计算步骤的情况。( )

5. 分步法中成本计算期与产品生产周期保持一致，与会计报告期不一致。( )

6. 逐步结转分步法也称为不计算半成品成本分步法。( )

7. 逐步结转分步法必须逐步计算每一步骤的半成品成本，因此也称作计算半成品成本的分步法。( )

8. 逐步结转分步法下半成品成本结转但实物不转移。( )

9. 逐步结转分步法的半成品实物逐步转移，成本也随之逐步转移。( )

10. 平行结转分步法的半成品成本逐步转移，实物也随之逐步转移。( )

11. 逐步结转分步法实际为品种法的多次连续使用。( )

12. 平行结转分步法实际上就是品种法的多次连续使用。( )

13. 逐步结转分步法下成本计算定期按月进行。( )

14. 逐步结转分步法下，月末每个步骤需要分配的在产品的含义是指广义在产品。( )

15. 平行结转分步法的成本计算对象是完工产品（产成品）及其所经生产步骤。( )

16. 装配式多步骤生产企业采用平行结转分步法下，月末每个步骤需要分配的在产品含义是指广义的在产品。( )

17. 采用平行结转分步法，不需要进行成本还原。( )

18. 逐步结转分步法按照半成品成本在下一步骤成本计算单中反映的方式不同，又可分为逐步综合结转分步法和逐步分项结转分步法。( )

19. 在逐步结转分步法下，若半成品通过半成品库进行收发，则还要增设“自制半成品”明细账，下一步骤所耗用的半成品则应从半成品库进行领用。( )

20. 成本还原后的产成品的实际总成本与成本还原前的产成品的实际总成本相等。( )

21. 在综合逐步结转分步法下，若半成品通过半成品库收发，自制半成品明细账需要按照成本项目设专栏进行分项反映。( )

22. 成本还原的步骤应从第一个步骤开始，即按照顺序的方式逐步还原。( )

23. 平行结转分步法不计算和结转半成品成本，也称作不计算半成品成本的分步法。(　　)

24. 某些连续式多步骤生产企业，如果各生产步骤所产半成品仅供本企业下一步骤继续加工，不准备对外出售，也可以采用平行结转分步法。(　　)

25. 连续式多步骤生产企业采用平行结转分步法，归集各生产步骤发生的各种生产费用，包括上一步骤转入的半成品成本。(　　)

26. 在平行结转分步法计算成本时，上一步骤的生产费用不计入下一步骤的成本计算单。(　　)

五、计算题

1. 目的：练习综合逐步结转分步法。

【资料】某企业生产甲产品，生产过程分为三个步骤，上一步骤完工的半成品，不通过半成品库收发，直接转给下一步骤继续进行加工；各步骤的在产品采用约当产量法按实际成本计算，直接材料在第一步骤生产开始时一次投入，各步骤在产品的完工程度均为50%。该企业2015年5月有关产量记录和成本资料见表10－1和表10－2。

表10－1　　产量记录　　单位：件

项目	第一步骤	第二步骤	第三步骤
月初在产品数量	10	16	10
本月投产（或上步转来）数量	78	72	76
本月完工数量	72	76	80
月末在产品数量	16	12	6

表10－2　　成本资料　　单位：元

成本项目	月初在产品成本				本月生产费用			
	第一步骤	第二步骤	第三步骤	合计	第一步骤	第二步骤	第三步骤	合计
直接材料或半成品	1 350	3 600	3 100	8 050	86 650			86 650
直接人工	680	1 800	2 000	4 480	43 320	80 200	85 150	208 670
制造费用	870	1 500	2 100	4 470	47 130	76 400	81 730	205 260
合计	2 900	6 900	7 200	17 000	177 100	156 600	166 880	500 580

【要求】采用综合逐步结转分步法计算甲产品的生产成本，编制各生产步骤产品成本计算单，并编制完工甲产品成本结转的会计分录。

表 10－3　　　　第一步骤产品成本计算单

产品名称：　　　　2015 年 5 月　　　　金额单位：元

项　　目	直接材料	直接人工	制造费用	合计
月初在产品成本				
本月发生费用				
生产费用合计				
完工半成品数量（件）				
在产品约当产量（件）				
总约当产量（件）				
费用分配率（元/件）				
完工 A 半成品成本				
月末在产品成本				

表 10－4　　　　第二步骤产品成本计算单

产品名称：　　　　2015 年 5 月　　　　金额单位：元

项　　目	半成品	直接人工	制造费用	合计
月初在产品成本				
本月本步骤发生费用				
本月上步骤转入费用				
生产费用合计				
完工半成品数量（件）				
在产品约当产量（件）				
总约当产量（件）				
费用分配率（元/件）				
完工 B 半成品成本				
月末在产品成本				

表 10－5　　　　第三步骤产品成本计算单

产品名称：甲产品　　　　2015 年 5 月　　　　金额单位：元

项　　目	半成品	直接人工	制造费用	合计
月初在产品成本				
本月本步骤发生费用				
本月上步骤转入费用				
生产费用合计				

续表

项　　目	半成品	直接人工	制造费用	合计
完工产品数量（件）				
在产品约当产量（件）				
总约当产量（件）				
费用分配率（元/件）				
完工甲产成品成本				
月末在产品成本				

2. 目的：练习成本还原。

【资料】根据上题所计算的完工甲产品成本，采用产品成本项目比重还原法进行成本还原。

【要求】计算填写甲产品成本还原计算表。

表 10－6　　产成品成本还原计算表

产品：甲产品　　××年×月　　单位：元

成本项目	第一步骤半成品		第二步骤半成品		第三步骤产成品			原始成本项目合计	还原后的单位成本
	成本	成本项目比重（%）	成本	成本项目比重（%）	成本	还原成第二步	再还原为第一步		
B 半成品									
A 半成品									
直接材料									
直接人工									
制造费用									
合计									

3. 练习综合逐步结转分步法。

【资料】某企业乙产品生产分两个步骤，分别由第一、第二两个生产车间进行。第一车间生产半成品，交半成品库验收，第二车间按所需半成品数量向半成品库领用；第二车间所耗半成品费用按全月一次加权平均单位成本计算。两个车间月末在产品均按定额成本计价。该企业采用按实际成本综合结转的逐步结转分步法计算乙产品成本。2015 年 5 月第一、第二两个车间月初、月末在产品定额成本资料及本月生产费用资料见表 10－7；自制半成品月初余额、本月第一车间完工半成品交库数量及本月第二车间领用自制半成品数量见“自制半成品明细账”表 10－8。

【要求】计算填写产品成本计算单和自制半成品明细账。

表 10－7　　　　　　　　　　**第一二车间产品成本资料**

产品名称：B 半成品　　　　　　　　　　　　　　　　　　　　单位：元

车间	摘　　要	直接材料	直接人工	制造费用	合计
第一车间	月初在产品定额成本	5 000	2 600	2 300	9 900
	本月生产费用	15 300	20 700	10 000	46 000
	月末在产品定额成本	4 800	2 500	2 100	9 400
第二车间	月初在产品定额成本	6 000	2 800	2 500	11 300
	本月生产费用		19 900	15 300	35 200
	月末在产品定额成本	6 200	2 920	2 610	11 730

表 10－8　　　　　　　　　　**自制半成品明细账**

半成品名称：甲半成品　　　　　　　　　　　　　　　　　　　单位：元

月份	月初余额		本月增加		合计			本月减少	
	数量	实际成本	数量	实际成本	数量	实际成本	单位成本	数量	实际成本
5	500	9 500	2 500					2 600	
6			—	—	—	—	—	—	—

表 10－9　　　　　　　　　　**第一车间产品成本计算单**

产品名称：甲半产品　　　　　　　　　　　　　　　　　　　　单位：元

摘　　要	直接材料	直接人工	制造费用	合计
月初在产品定额成本				
本月生产费用				
生产费用合计				
完工产品成本				
月末在产品定额成本				

表 10－10　　　　　　　　　　**第二车间产品成本计算单**

产品名称：甲产品　　　　　　　　　　　　　　　　　　　　　单位：元

摘　　要	直接材料	直接人工	制造费用	合计
月初在产品定额成本				
本月生产费用				
生产费用合计				
完工产品成本				
月末在产品定额成本				

4. 目的：练习分项逐步结转分步法。

【资料】某工厂大量生产甲产品，设有第一、第二、第三三个基本生产车间，甲产品需顺序经过三个车间加工，其中，第一车间生产的产品为甲产品的A半成品，A半成品完工后全部直接交给第二车间继续加工为甲产品的B半成品，B半成品完工后全部交半成品仓库；第三车间从半成品仓库领用B半成品继续加工为甲产成品，甲产品完工后全部交产成品仓库。该厂根据实际情况，采用分项逐步结转分步法计算甲产品成本，成本结转方式为半成品按实际成本结转；对经过半成品仓库收发的B半成品增设了“自制半成品——B半成品”明细科目，半成品仓库发出的B半成品成本采用加权平均法计算。该厂对产品成本按直接材料、直接人工、制造费用分设了专栏。生产甲产品的原材料在第一车间生产开始时一次投入，第二、三车间转入或领用的半成品也分别于本车间生产开始时一次投入。企业采用约当产量法分配每步骤的完工产品（半成品）和在产品成本。

该工厂第一车间A半成品、第二车间B半成品、第三车间甲产品2015年5月月初在产品成本和本月发生的生产费用见表10－11，本月各生产车间产量记录见表10－12。

表10－11　　　　生产费用资料

产品：甲产品　　　　2015年5月　　　　单位：元

项目		第一车间（A半成品）	第二车间（B半成品）	第三车间（甲产品）
月初在产品成本		192 000	40 000	364 100
其中：直接材料	本步骤发生	160 000		
	上步骤转入		20 000	83 000
直接人工	本步骤发生	8 000	5 000	14 000
	上步骤转入		2 000	161 600
制造费用	本步骤发生	24 000	7 000	28 000
	上步骤转入		6 000	77 500
本月发生生产费用		628 000	540 000	264 000
其中：直接材料		440 000		
直接人工		47 000	225 000	88 000
制造费用		141 000	315 000	176 000

表 10－12

产量记录

产品：甲产品　　2015 年 5 月　　单位：件

项　　目	第一车间（A 半成品）	第二车间（B 半成品）	第三车间（甲产成品）
月初在产品	1 600	200	1 100
本月投产或上步骤转入	4 400	5 000	4 300
本月完工转入下步骤或入半成品库	5 000	4 000	4 800
月末在产品	1 000	1 200	600
月末在产品完工程度	50%	50%	50%

本月半成品仓库 B 半成品收发和结存情况为：月初结存 1 000 件，总成本为 375 000 元，其中直接材料 100 000 元，直接人工 200 000 元，制造费用 75 000 元。本月第二车间入库 4 000 件，第三车间领用 4 300 件。

【要求】根据以上资料，计算和填写第一车间产品成本计算单（表 10－14）、第二车间产品成本计算单（表 10－15）、自制半成品明细账（表 10－16）、第三车间产品成本计算单（表 10－17）；并编制完工 B 半成品和甲产品成本结转的会计分录。

表 10－13

第一车间产品成本计算单

产品名称：A 半成品　　2015 年 5 月　　完工程度：50%

完工产品：　　件　　在产品：　　件　　单位：元

项　目	直接材料	直接人工	制造费用	合计
月初在产品成本				
本月本步骤发生生产费用				
生产费用合计				
本月完工 A 半成品数量				
月末在产品数量				
月末在产品完工程度（%）				
月末在产品约当产量				
约当总产量				
费用分配率（元/件）				
本月完工 A 半成品成本				
月末在产品成本				

表 10－14　　第二车间产品成本计算单

产品名称：B 半成品　　2015 年 5 月　　完工程度：50%

完工产品：　件　　在产品：　件　　单位：元

项　目	直接材料		直接人工		制造费用		合计	
	上步骤转入	本步骤发生	上步骤转入	本步骤发生	上步骤转入	本步骤发生	上步骤转入	本步骤发生
月初在产品成本								
本月本步骤发生生产费用								
本月上步骤转入生产费用								
生产费用合计								
本月完工 B 半成品数量								
月末在产品数量								
月末在产品完工程度（%）								
月末在产品约当产量								
约当总产量								
费用分配率（元/件）								
本月完工 B 半成品成本								
月末在产品成本								

表 10－15　　自制半成品明细账

产品：B 半成品　　2015 年 5 月　　单位：元

××年		凭证号数	摘要	数量	金额合计	其中		
月	日					直接材料	直接人工	制造费用
		略	月初余额					
			本月入库					
			本月领用					
			月末结存					

表 10－16　　**第三车间产品成本计算单**

产品名称：甲产品　　2015 年 5 月　　完工程度：50%

完工产品：　件　　在产品：　件　　单位：元

项　目	直接材料		直接人工		制造费用		合计	
	上步骤转入	本步骤发生	上步骤转入	本步骤发生	上步骤转入	本步骤发生	上步骤转入	本步骤发生
月初在产品成本								
本月本步骤发生生产费用								
本月上步骤转入生产费用								
生产费用合计								
本月完工产品数量								
月末在产品数量								
月末在产品完工程度（%）								
月末在产品约当产量								
约当总产量								
费用分配率（元/件）								
本月完工产品成本								
月末在产品成本								

5. 目的：练习平行结转分步法。

【资料】某集团下属的甲公司生产的 C 产品经过三个车间连续加工制成，第一车间生产 A 半成品，直接转入二车间加工制成 B 半成品，B 半成品直接转入三车间加工成 C 产成品。其中，1 件 C 产成品耗用 1 件 B 半成品，1 件 B 半成品耗用 1 件 A 半成品。原材料于第一车间生产开始时一次投入，第二车间和第三车间不再投入材料。各车间月末在产品完工率均为 50%。各车间生产费用在完工产品和在产品之间的分配采用约当产量法。

（1）本月各车间产量资料见表 10－17。

表 10－17　　**各车间产量资料表**　　单位：件

摘　要	第一车间	第二车间	第三车间
月初在产品数量	50	40	20
本月投产数量或上步骤转入	180	190	180
本月完工产品数量	190	180	170
月末在产品数量	40	50	30

（2）各车间月初及本月费用资料见表10－18。

表10－18　　各车间月初及本月费用　　单位：元

摘要		直接材料	直接人工	制造费用	合计
第一车间	月初在产品成本	6 000	6 000	5 000	17 000
	本月的生产费用	23 000	8 850	8 500	40 350
第二车间	月初在产品成本		9 000	7 000	16 000
	本月的生产费用		16 875	16 625	33 500
第三车间	月初在产品成本		10 500	9 800	20 300
	本月的生产费用		22 800	19 800	42 600

【要求】根据以上资料，采用平行结转分步法，按约当产量法计算完工产品成本和在产品成本，并编制结转完工C产品成本的会计分录。各生产步骤约当产量计算表、产品成本计算单和产品成本汇总表，见表10－19～表10－23。

表10－19　　各生产步骤约当产量计算表

摘要	直接材料	直接人工	制造费用
第一车间步骤的约当总产量			
第二车间步骤的约当总产量			
第三车间步骤的约当总产量			

表10－20　　第一车间产品成本计算单

产品名称：C产品（A半成品）　　单位：元

摘要	直接材料	直接人工	制造费用	合计
月初在产品成本				
本月发生费用				
合计				
第一步骤的约当总产量				
分配率				
应计入产成品成本的份额				
月末在产品成本				

表 10－21　　第二车间产品成本计算单

产品名称：C 产品（B 半成品）　　单位：元

摘　　要	直接人工	制造费用	合计
月初在产品成本			
本月发生费用			
合计			
第二步骤约当总产量			
分配率			
应计入产成品成本的份额			
月末在产品成本			

表 10－22　　第三车间产品成本计算单

产品名称：C 产品　　单位：元

摘　　要	直接人工	制造费用	合计
月初在产品成本			
本月发生费用			
合计			
第三步骤约当总产量			
分配率			
应计入产成品成本的份额			
月末在产品成本			

表 10－23　　产品成本汇总计算表

产品名称：C 产品　　单位：元

项目	数量	直接材料	直接人工	制造费用	总成本	单位成本
第一车间						
第二车间						
第三车间						
合计						

6. 目的：练习平行结转分步法。

【资料】某企业属于装配式多步骤生产企业，其生产的甲产品由一件 A 部件和五件 B 部件装配而成。A、B 部件分别由第一、二车间生产，然后由第三车间装配成产成品。第一、第二、第三车间分别为第一、第二、第三步骤，第一、第二生产车间的原材料均在生产开始时一次投放。企业根据生产特点，采用平行结转分步法计算甲产品成本，并采用约当产量法分配每步骤应计入完工产品（半成品）和在产品成本。2015 年 8 月三个车间的月初在产品成本和本月发生的生产费用和本月各步骤产量记录见表 10－24、表 10－25。

表 10－24 **生产费用资料**

产品：甲产品 2015 年 8 月 单位：元

项　目	第一车间（A 部件）	第二车间（B 部件）	第三车间（甲产品）
月初在产品成本	116 000	125 000	35 000
其中：直接材料	60 000	70 000	
直接人工	38 000	35 000	20 000
制造费用	18 000	20 000	15 000
本月发生生产费用	328 000	825 000	
其中：直接材料	120 000	554 000	
直接人工	105 000	143 500	66 400
制造费用	103 000	107 500	22 800

表 10－25 **产量记录**

产品：甲产品 2015 年 8 月 单位：件

项　目	第一车间（A 部件）	第二车间（B 部件）	第三车间（甲产品）
月初在产品	300	100	100
本月投产	900	5 100	1 000
本月完工	1 000	5 000	1 000
月末在产品	200	200	100
月末在产品完工程度	50%	50%	80%

【要求】根据上述资料：

（1）以甲产品及其所经过的生产步骤为成本核算对象设置第一步骤 A 部件、第二步骤 B 部件、第三步骤甲产品的产品成本计算单。

（2）计算第一、第二、第三步骤生产成本应计入产成品的份额。

（3）根据各生产步骤生产成本计算单编制产品成本汇总计算表。

表 10－26　　第一车间产品成本计算单

半成品名称：A 部件　　完工产品：　　件　　在产品：　　件　　完工程度：50%

2015 年 8 月　　单位：元

项　　目	直接材料	直接人工	制造费用	合计
月初在产品成本				
本月本步骤发生生产费用				
生产费用合计				
本月完工半成品数量				
月末在产品数量				
月末在产品完工程度				
月末在产品约当产量				
约当总产量				
费用分配率（元/件）				
应计入产成品成本的份额				
月末在产品成本				

表 10－27　　第二车间产品成本计算单

半成品名称：B 部件　　完工产品：　　件　　在产品：　　件　　完工程度：50%

2015 年 8 月　　单位：元

项　　目	直接材料	直接人工	制造费用	合计
月初在产品成本				
本月本步骤发生生产费用				
生产费用合计				
本月完工半成品数量				
月末在产品数量				
月末在产品完工程度				
月末在产品约当产量				
约当总产量				
费用分配率（元/件）				
应计入产成品成本的份额				
月末在产品成本				

表 10－28　　第三车间产品成本计算单

产成品名称：甲产品　　完工产品：　　件　　在产品：　　件　　完工程度：80%

2015 年 8 月　　单位：元

项　　目	直接材料	直接人工	制造费用	合计
月初在产品成本				
本月本步骤发生生产费用				
生产费用合计				
本月完工产品数量				
月末在产品数量				
月末在产品完工程度				
月末在产品约当产量				
约当总产量				
费用分配率（元/件）				
应计入产成品成本的份额				
月末在产品成本				

表 10－29　　产品成本汇总计算表

产品名称：甲产品　　产量：1 000 件　　2015 年 8 月　　单位：元

项　　目	直接材料	直接人工	制造费用	合计
第一步骤计入产成品成本的份额				
第二步骤计入产成品成本的份额				
第三步骤计入产成品成本的份额				
总成本				
单位成本（元/件）				

7. 练习逐步分项结转分步法。

【资料】某企业大量生产甲产品，设有第一、第二、第三三个基本生产车间，甲产品需顺序经过三个车间加工，其中，第一车间生产的产品为甲产品的 A 半成品，A 半成品完工后全部直接交给第二车间继续加工为甲产品的 B 半成品，B 半成品完工后全部直接交给第三车间继续加工为甲产品产成品，甲产品完工后全部交产成品仓库。该厂根据实际情况，采用逐步分项结转分步法计算甲产品成本。该厂对产品成本按直接材料、直接人工、制造费用分设了专栏。生产甲产品的原材料在第一车间生产开始时一次投入，第二、三车间转入的半成品也分别于本车间生产开始时一次投入。企业采用约当产量法分配每步骤的完工产品（半成品）和在产品成本。

第一车间A半成品、第二车间B半成品、第三车间甲产品2015年7月月初在产品成本和本月发生的生产费用及本月各生产车间产量记录见表10-30。

表10-30 **产量记录**

产品：甲产品 2015年7月 单位：件

项目	第一车间（A半成品）	第二车间（B半成品）	第三车间（甲产成品）
月初在产品	100	80	100
本月投产或上步骤转入	550	600	650
本月完工转入下步骤	600	650	700
月末在产品	50	30	50
月末在产品完工程度	60	50	80

表10-31 **生产费用资料**

产品：甲产品 2015年7月 单位：元

项　目		第一车间（A半成品）	第二车间（B半成品）	第三车间（甲产品）
月初在产品成本		121 500	111 250	98 000
其中：直接材料	本步骤发生	65 000	0	0
	上步骤转入		53 600	37 000
直接人工	本步骤发生	32 000	24 850	5 800
	上步骤转入		16 400	29 500
制造费用	本步骤发生	24 500	11 000	5 700
	上步骤转入		5 400	20 000
本月发生生产费用		348 400	87 175	81 000
其中：直接材料		260 000		
直接人工		43 600	35 000	46 000
制造费用		44 800	52 175	35 000

【要求】根据上述资料和前述资料，产品成本计算程序如下：

（1）开设产品生产成本成本计算单。

（2）计算第一车间本月所产A半成品的实际成本。

（3）计算第二车间本月所产B半成品的实际成本。

（4）计算第三车间本月所产甲产品的实际成本。

（5）编制结转本月完工入库甲产品成本的会计分录。

表 10－32　　　　　　第一车间产品成本计算单

产品名称：A 半成品　　完工产品：600 件　　在产品：50 件　　完工程度：60%

2015 年 7 月　　　　　　　　单位：元

项　　目	直接材料	直接人工	制造费用	合计
月初在产品成本				
本月本步骤发生生产费用				
生产费用合计				
本月完工产品数量				
月末在产品数量				
月末在产品完工程度				
月末在产品约当产量				
约当总产量				
费用分配率（元/件）				
本月完工 A 半成品成本				
月末在产品成本				

表 10－33　　　　　　第二车间产品成本计算单

产品名称：B 半成品　　完工产品：650 件　　在产品：30 件　　完工程度：50%

2015 年 7 月　　　　　　　　单位：元

项　　目	直接材料	直接人工	制造费用	合计
月初在产品成本				
本月本步骤发生生产费用				
本月上步骤转入生产费用				
生产费用合计				
本月完工产品数量				
月末在产品数量				
月末在产品完工程度				
月末在产品约当产量				
约当总产量				
费用分配率（元/件）				
本月完工 B 半成品成本				
月末在产品成本				

表 10－34　　　　第三车间产品成本计算单

产品名称：甲产品　　完工产品：700 件　　在产品：50 件　　完工程度：80%

2015 年 7 月　　　　单位：元

项　目	直接材料	直接人工	制造费用	合计
月初在产品成本				
本月本步骤发生生产费用				
本月领用半成品成本				
生产费用合计				
本月完工产品数量				
月末在产品数量				
月末在产品完工程度				
月末在产品约当产量				
约当总产量				
费用分配率（元/件）				
本月完工甲产品成本				
月末在产品成本				

六、简答题

1. 简述分步法的含义及特点。
2. 简述分步法的分类。
3. 简述逐步结转分步法的特点。
4. 简述逐步综合结转分步法和逐步分项结转分步法的特点及不同点。
5. 简述成本还原的意义。
6. 简述平行结转分步法的含义及适用范围。
7. 简述平行结转分步法的特点。
8. 比较逐步结转分步法和平行结转分步法。

第十一章 产品成本计算的辅助方法

一、名称解释

1. 分类法
2. 系数分配法
3. 副产品
4. 定额法
5. 定额成本
6. 定额变动差异

二、单项选择题

1. 产品成本计算分类法的成本计算对象是(　　)。

A. 产品类别
B. 产品品种
C. 产品规格
D. 产品加工步骤

2. 分类法是在产品的品种、规格繁多，但可按一定标准对产品进行分类的情况下，为了下列目的而采用的(　　)。

A. 分类计算产品成本
B. 简化各种产品的成本计算工作
C. 简化各类产品的成本计算工作
D. 准确计算各种产品的成本

3. 为了使产品计算的结果较为正确、合理，在应用分类法时，应考虑的条件是(　　)。

A. 产品的规格是否繁多
B. 生产特点和管理要求
C. 产品的分类和分配标准的确定是否适当
D. 成本计算工作是否简化

4. 下列各项中，不能采用分类法计算产品成本的是(　　)。

A. 联产品
B. 由于工人操作而造成的质量不同的等级产品
C. 品种、规格多，数量少，费用比重少的零星产品
D. 主、副产品

5. 在副产品成本的计算中，无论采用哪种计价法，副产品的计价额，一般

应从下列何种成本项目中扣除（ ）。

A. 直接材料　　B. 制造费用

C. 直接人工　　D. 管理费用

6. 以产品定额成本为基础，通过加减定额差异和变动差异来计算产品实际成本的方法叫作( )。

A. 品种法　　B．定额法

C. 分步法　　D. 分批法

7. 某工业企业采用盘存法计算 A 产品的定额原材料费用。A 产品月初在产品 50 件，本期完工 500 件，月末在产品 80 件，A 产品原材料费用定额为 10 元，本月投入 A 产品定额原材料费用为( )。

A. 5 000 元　　B. 5 300 元

C. 4 700 元　　D. 5 500 元

8. 下列各项中，不影响定额变动差异的因素是( )。

A. 月初在产品盘存数量　　B. 按旧定额计算的单位产品定额成本

C. 生产费用的节约或超支　　D. 按新定额计算的单位产品定额成本

9. 采用定额法，计算完工产品实际成本应以( )为基础。

A. 月初在产品定额成本　　B. 本月完工产品定额成本

C. 月末在产品定额成本　　D. 本月投入产品定额成本

10. 企业在生产主要产品的过程中，附带生产出的一些非主要产品，称为( )。

A. 联产品　　B. 废品

C. 副产品　　D. 次品

三、多项选择题

1. 在分类法下，同类产品内各种产品之间分配费用的标准通常有( )。

A. 产品体积　　B. 定额费用

C. 产品售价　　D. 定额消耗量

2. 可以或者应该采用分类法计算成本的产品，有( )。

A. 联产品

B. 部分等级产品

C. 副产品及零星产品

D. 品种、规格繁多，但可按规定标准进行分类的产品

3. 在采用分类法的情况下，做到既简化成本计算工作，又能使成本计算相对正确的关键是( )。

A. 适当地进行产品分类

B. 恰当地选择费用分配标准

C. 产品类距越小越好

D. 必须对各成本项目采用同一费用分配标准

4. 按照系数比例分配同类产品中各种成本的方法(　　)。

A. 是一种单独的产品成本计算方法

B. 是完工产品和月末在产品之间分配费用的方法

C. 是分类法的一种

D. 是一种简化的分类法

5. 组成联产品的成本有(　　)。

A. 联合成本　　B. 可归属成本

C. 制造成本　　D. 销售成本

6. 等级产品的描述正确的有(　　)。

A. 等级产品的产品种类不同　　B. 等级产品是非合格品

C. 等级产品的差别不影响产品的使用　　D. 等级产品的质量上存在差别

7. 常用的核算原材料定额差异的方法有(　　)。

A. 标准成本法　　B. 盘存法

C. 切割核算法　　D. 限额法

8. 在定额法下，计算产品实际成本时涉及的因素有(　　)。

A. 定额成本　　B. 定额变动差异

C. 定额差异　　D. 材料成本差异

9. 定额法应用的条件有(　　)。

A. 各项消耗定额比较准确、稳定　　B. 各月份间接计入费用水平相差不多

C. 定额管理制度比较健全　　D. 定额管理工作的基础较好

10. 计算某产品应分配的材料成本差异时所涉及的项目有(　　)。

A. 该产品材料计划成本　　B. 该产品材料定额费用

C. 原材料脱离定额差异　　D. 材料成本差异分配率

四、判断题

1. 采用分类法计算出的各种产品成本，具有一定的假定性。(　　)

2. 由于零星产品的内部结构、所耗原材料和工艺过程不一定完全相近，因而不能采用分类法计算产品成本。(　　)

3. 由于分类法与生产的类型没有直接的关系，因而可以在各种类型的生产中应用。(　　)

4. 在分离点之前，各种联产品的生产费用是联合在一起的，所以称为“综合成本”和“分离前成本”。(　　)

5. 采用分类法计算产品成本，无论选择什么作为分配标准，其产品成本的计算结果都有不同程度的假设性。(　　)

6. 联产品和副产品没有本质上的区别，它们的成本计算只要将其按一定标准作价，从分离点前的联合成本中扣除就可以了。(　　)

7. 材料成本差异通常应由完工产品成本和月末在产品成本共同负担。(　　)

8. 脱离定额差异一般应在完工产品和期末在产品之间进行分配，其分配方法采用定额比例法。(　　)

9. 定额变动差异是产品生产过程中实际生产费用脱离现行定额的差异。(　　)

10. 定额法的适用范围与企业生产类型没有直接关系。(　　)

五、计算题

1. 某工业企业大量生产甲、乙、丙三种产品。这三种产品的原材料和生产工艺相近，因而归为一类产品采用分类法计算成本。

该类产品的消耗定额比较准确、稳定，各月在产品变动不大，所以，月末在产品按定额成本计价。本月（8 月）份月初、月末在产品按定额成本计价。本月（8 月）份月初，月末在产品的定额总成本各为：

月初在产品定额总成本，直接材料 14 600 元，直接人工 3 000 元，制造费用 7 500 元，合计 25 100 元。

月末在产品定额总成本，直接材料 10 400 元，直接人工 2 000 元，制造费用 5 000 元，合计 17 400 元。

本月该类产品的生产费用为：直接材料 130 200 元，直接人工 25 040 元，制造费用 53 300 元。

该企业各种产品成本的分配方法是：直接材料费用按事先确定的耗料系数比例分配，其他各项费用都按定额工时比例分配。耗料系数根据产品的材料消耗定额计算确定。材料消耗定额为：甲产品 19. 2 千克，乙产品 16 千克，丙产品 12. 8 千克；以乙产品为标准产品。工时消耗定额为：甲产品 12 小时，乙产品 14 时，丙产品 10 小时。

本月各种产品的产量为：甲产品 3 000 件，乙产品 4 000 件，丙产品 100 件。

【要求】(1) 填制产品用料系数表（表 11 - 1），确定甲、乙、丙三种产品用料系数。

（2）填制产品成本明细账（表11－2），采用分类法分配计算甲、乙、丙三种产成品成本。

表11－1　　　　　　　　　　**产品用料系数表**

产品名称	单位产品定额消耗量（千克）	原材料费用系数
甲		
乙（标准产品）		
丙		

表11－2　　　　　　　　　　**产品成本明细账**

×类　　　　　　　　　　20××年8月　　　　　　　　　　单位：元

项　　目	产量（件）	用料系数		工时定额	直接材料	直接人工	制造费用	合计
		单件系数	总系数					
月初在产品								
本月费用								
合计								
产成品总成本								
分配率								
产成品成本分配：甲								
乙								
丙								
月末在产品								

2. 资料：某企业甲产品采用定额成本控制制度核算成本。本月份有关甲产品原材料费用资料如下：

（1）月初在产品定额费用为2 000元，月初在产品脱离定额的差异为节约100元，月初在产品定额费用调整为降低40元。定额变动差异全部由完工产品负担。

（2）本月定额费用为48 000元，本月脱离定额的差异为节约1 000元。

（3）本月原材料成本差异率为节约1%，材料成本差异全部由完工产品负担。

（4）本月完工产品的定额费用为44 000元。

【要求】（1）计算月末在产品的原材料定额费用。

（2）计算完工产品和月末在产品的原材料实际费用（脱离定额差异按定额

费用比例在完工产品和月末在产品之间分配)。

3. 企业按定额法计算丙产品成本。本月份该种产品的材料费如下：月初在产品定额成本23 800元，其脱离定额差异为不利差异1 190元，定额调整为降低238元。本月份发生定额费用478 238元，脱离定额差异为节约差异6 208元。本月份材料成本差异为超支1%。月末在产品的定额成本为20 000元。材料成本差异和月初在产品定额变动差异全部由完工产品成本负担。

【要求】(1) 计算完工产品定额成本。

(2) 计算完工产品和月末在产品所耗材料的实际费用。

4. 某厂在生产甲产品的过程中，附带生产乙产品，2015年9月为生产该类产品所发生的费用资料如表11－3所示。

表11－3　　**生产该类产品所发生的费用**　　单位：元

项　目	直接材料	直接人工	制造费用	合计
月初在产品成本	800	240	360	1 400
本月生产费用	1 200	1 560	1 340	4 100

本月甲产品产量1 000千克，乙产品产量400千克，乙产品的计划单位成本为2.5元，本月无月末在产品成本。

【要求】根据上述资料，采用副产品按一定比例从各成本项目中扣除的方法，计算主、副产品的成本。

5. 光明公司生产甲产品，该产品各项消耗定额比较准确、稳定，采用定额法计算成本，公司规定，该产品的定额变动差异和材料成本差异由完工产品成本负担，脱离定额差异按成本比例在完工产品和月末在产品之间进行分配。有关资料如下：

(1) 甲产品定额成本及脱离定额差异如表11－4所示。

表11－4　　**甲产品定额成本及脱离定额差异**　　单位：元

成本项目		直接材料	直接人工	制造费用	合计
月初在产品成本	定额成本	10 000	3 000	5 000	18 000
	定额差异	－780	+130	－900	－1 550
本月生产费用	定额成本	50 000	7 500	32 000	89 500
	定额差异	－1 005	800	+1 640	1 435

(2) 光明公司甲产品本月所耗A材料，材料成本差异为－1%。

(3) 甲产品从本月1日起实行新的材料消耗定额为38元，该产品旧的材料消耗定额为40元，该产品月初在产品按旧定额计算的材料定额费用为10 000元。

（4）甲产品本月份完工200件，在产品100件，其定额成本资料如表11－5所示。

表11－5 定额成本资料

成本项目	直接材料	直接人工	制造费用	合计
单位产品定额成本	275	47	170	492

【要求】计算本月甲产品总成本和月末在产品成本。

六、简答题

1. 什么是分类法？请简述分类法的特点及适用范围。
2. 什么是定额法？请简述定额法的优缺点及适用范围。
3. 什么是联产品？什么是副产品？二者有什么区别。

第十二章 变动成本法、作业成本法和标准成本法

一、名词解释

1. 成本性态
2. 变动成本
3. 延期变动成本
4. 固定成本
5. 变动成本法
6. 标准成本法
7. 作业中心
8. 作业成本法
9. 混合成本

二、单项选择题

1. 将全部成本区分为固定成本、变动成本两大类，这种分类的标志是(　　)。

A. 成本的可辨认性　　B. 成本的可盘存性

C. 成本的性态　　D. 成本的时态

2. 下列各项中，能构成变动成本法产品成本内容的是(　　)。

A. 变动成本　　B. 固定成本

C. 生产成本　　D. 变动生产成本

3. 在变动成本法下，固定性制造费用应当列作(　　)。

A. 非生产成本　　B. 期间成本

C. 产品成本　　D. 直接成本

4. 单位产品售价减去单位变动成本的差额称为(　　)。

A. 单位收入　　B. 单位利润

C. 单位边际贡献　　D. 单位边际贡献率

5. 直接材料费用、按件计酬的工人薪金以及按加工量计算的固定资产折旧费，都属于(　　)。

A. 制造成本　　B. 直接材料

C. 直接人工　　D. 变动成本

6. 假设每个质检员最多质检 400 件产品，即产量每增加 400 件就必须增加

一名质检员，而且是在产量一旦突破400件的倍数时就必须增加，那么该质检员的工资成本就属于(　　)。

A. 标准式混合成本　　B. 阶梯式混合成本

C. 低坡式混合成本　　D. 曲线式混合成本

7. 把作业成本分配到产品用的动因是(　　)。

A. 作业动因　　B. 资源动因

C. 交易性成本动因　　D. 精确性成本动因

8. 作业成本法是在改进(　　)核算方法上产生的。

A. 管理费用　　B. 财务费用

C. 直接生产成本　　D. 制造费用

9. 作业成本法的首要工作是(　　)。

A. 作业的认定　　B. 资源动因的选择

C. 作业中心的分类　　D. 作业动因的选择

10. 为维持工人生产而从事的作业是(　　)。

A. 单位水平作业　　B. 批水平作业

C. 产品水平作业　　D. 维持水平作业

11. 固定制造费用的实际金额与固定制造费用的预算金额之间的差额称为(　　)。

A. 预算差异　　B. 效率差异

C. 闲置能量差异　　D. 能量差异

12. 直接人工效率差异是指单位(　　)耗用量脱离单位标准人工工时耗用量所产生的差异。

A．实际人工工时　　B. 定额人工工时

C. 预算人工工时　　D. 正常人工工时

13. 处理材料价格差异通常应由(　　)负责。

A. 财务部门　　B. 生产部门

C. 采购部门　　D. 人事部门

14. 成本差异是指在标准成本控制系统下，企业在一定时期生产一定数量的产品所发生的实际成本与(　　)之间的差额。

A. 计划成本　　B. 历史成本

C. 标准成本　　D. 预算成本

15. 计算数量差异要以(　　)为基础。

A. 实际价格　　B. 标准价格

C. 标准成本　　D. 实际成本

三、多项选择题

1. 在相关范围内，固定不变的是(　　)。

A. 固定成本　　B. 单位产品固定成本

C. 变动成本　　D. 单位变动成本

2. 下列各项中，属变动成本特征的有(　　)。

A. 在相关范围内，其成本总额不受产量增减变动的影响

B. 在相关范围内，其成本总额随着产量的增减成比例变动

C. 在相关范围内，其单位产品成本不受产量变动的影响而保持不变

D. 成本总额的变动与产量的变动不保持严格的比例

3. 采用高低点法分解混合成本时，应分别选择(　　)作为低点和高点。

A. （40，90）　　B. （50，120）

C. （60，120）　　D. （70，130）

4. 下列成本中，属于变动成本的是(　　)。

A. 直接材料　　B. 直接人工

C. 折旧费用　　D. 管理人员工资

5. 变动成本法下，产品成本包括(　　)。

A. 直接材料　　B. 直接人工

C. 变动性制造费用　　D. 固定性制造费用

6. 下列各项中，能影响完全成本法与变动成本法分期营业净利润差额水平的因素有(　　)。

A. 销售收入　　B. 非生产成本

C. 固定性制造费用　　D. 期初与期末存货量

7. 作业动因连接着(　　)。

A. 产品　　B. 资源

C. 成本对象　　D. 作业

8. 下列哪些属于单位水平作业(　　)。

A. 工厂管理　　B. 每批产品的订单处理

C. 直接材料成本　　D. 直接人工成本

9. 业绩计量包括(　　)。

A. 对作业效率的计量　　B. 所做工作数量的计量

C. 所做工作质量的计量　　D. 完成作业所需时间的计量

10. 正常标准成本是在正常生产经营条件下应该达到的成本水平，它是根据(　　)制定的标准成本。

A. 现实的耗用水平　　B. 正常的价格

C. 正常的生产经营能力利用程度　　D. 正常的耗用水平

11. 在确定直接人工正常标准成本时，标准工时包括(　　)。

A. 直接加工操作必不可少的时间　　B. 必要的工间休息

C. 调整设备时间　　D. 不可避免的废品耗用工时

12. 下列标准成本差异中，通常应由生产部门负责的有(　　)。

A. 直接材料的价格差异　　B. 直接人工的效率差异

C. 直接人工的工资率差异　　D. 变动制造费用的效率差异

13. 可以套用“用量差异”和“价格差异”模式的成本项目是(　　)。

A. 直接材料　　B. 直接人工

C. 变动制造费用　　D. 固定制造费用

14. 固定制造费用的三种成本差异是指(　　)。

A. 效率差异　　B. 价格差异

C. 预算差异　　D. 能力差异

四、判断题

1. 成本性态分析的最终结果是将企业的全部成本区分为变动成本、固定成本和混合成本三大类。(　　)

2. 固定成本是一种长期都不发生变动的成本。(　　)

3. 变动成本计算不符合传统的成本概念的要求。(　　)

4. 当本期期末存货大于期初存货时，按完全成本法计算的税前利润小于按变动成本法计算的税前利润。(　　)

5. 假设期初、期末的存货皆为零，则按完全成本法确定的净利润与按变动成本法确定的净利润相等。(　　)

6. 作业成本法适用于间接费用占全部制造成本的比重较低的企业。(　　)

7. 作业动因和资源动因有相同的情况。当作业和产品一致，这时的资源动因和作业动因就是一样的。(　　)

8. 在生产技术和经营管理条件变动不大的情况下，正常标准成本是一种可以较长时间采用的标准成本。(　　)

9. 材料成本脱离标准的差异、人工成本脱离标准的差异、制造费用脱离标准的差异，都可以分为“量差”和“价差”两部分。(　　)

10. 如果企业采用变动成本法计算成本，则不需要制定固定制造费用的标准成本，也不需要进行固定制造费用成本差异的计算和分析，而固定制造费用的控制则通过预算管理来进行。(　　)

五、计算题

1. 已知甲企业2015年上半年A产品产量与相关总成本的资料如下表所示，要求：

（1）用高低点法进行混合成本分解，写出成本分解公式。

（2）假设该企业7月份的产量为140件，预测七月份的相关成本支出。

单位：元

月份	1	2	3	4	5	6
产量	70	50	90	100	120	130
混合成本	400	400	450	500	600	700

2. 已知某企业本期有关成本资料如下：单位直接材料成本为10元，单位直接人工成本为4元，单位变动性制造费用为5元，固定性制造费用总额为6 000元，单位变动性销售费用为3元，固定性销售费用为2 000元，期初存货量为0，本期产量为1 000件，销售量为700件，单位售价为40元。

【要求】分别按两种成本法的有关公式计算下列指标：

（1）单位产品成本；（2）期间成本；（3）销售成本；（4）营业利润。

3. 已知某公司从事单一产品生产，连续三年销售量均为1 000件，而三年的产量分别为1 000件，1 200件和800件。单位产品售价为200元，管理费用与销售费用均为固定成本，两项费用各年总额均为50 000元，单位产品变动生产成本为90元，固定性制造费用为24 000元。要求：

（1）不考虑税金，分别采用变动成本法和完全成本法计算各年营业利润。

（2）根据（1）的计算结果，简单分析完全成本法与变动成本法对损益计算的影响。

变动成本法损益表

单位：元

期间 项目	第一年	第二年	第三年	合计
营业收入				
变动成本				
边际贡献				
固定成本：				
固定性制造费用				
固定管理费用和销售费用				
小计				
营业利润				

完全成本法损益表

单位：元

项目 \ 期间	第一年	第二年	第三年	合计
营业收入				
减：营业成本				
期初存货成本				
+当期产品成本				
-期末存货成本				
营业成本				
毛利				
管理费用和销售费用				
营业利润				

4. 某公司生产乙产品，乙产品直接人工标准成本相关资料如下表所示：

项　目	标　准
月标准总工时	21 000 小时
月标准总工资	420 000 元
单位产品工时用量标准	2 小时/件

假定该公司实际生产乙产品 10 000 件，实际耗用总工时 25 000 小时，实际应付直接人工工资 550 000 元。

【要求】（1）计算乙产品标准工资率和直接人工标准成本。

（2）计算乙产品直接人工成本差异、直接人工工资率差异和直接人工效率差异。

5. 某企业生产一种产品，其变动性制造费用的标准成本为 24 元/件（3 小时/件 ×8 元/小时）。本期实际产量 1 300 件，发生实际工时 4 100 小时，变动性制造费用 31 980 元。要求：

（1）计算变动性制造费用的成本差异。

（2）计算变动性制造费用的效率差异。

（3）计算变动性制造费用的分配率差异。

（4）如果固定性制造费用的总差异是 3 000 元，生产能力利用差异是 -1 500元，效率差异是600 元，计算固定性制造费用的预算差异。

六、简答题

1. 什么是混合成本？简述混合成本的种类。
2. 比较变动成本法与完全成本法。
3. 简述作业成本法的理论基础。
4. 简述标准成本法的作用。
5. 简述标准成本差异的种类。

第十三章 成本报表与成本分析

一、名词解释

1. 成本报表
2. 比较分析法
3. 比率分析法
4. 因素分析法
5. 差额计算法
6. 连环替代法
7. 可比产品成本降低额

二、单项选择题

1. 根据企业会计制度规定，成本报表属于(　　)。

A. 对外报表

B. 对内报表

C. 是对外报表还是对内报表，由企业自行规定

D. 既是对外报表又是对内报表

2. 以下不属于成本报表特点的是(　　)。

A. 涉及面广　　B. 种类多样

C. 编报迅速　　D. 客观公正

3. 成本报表是服务于(　　)的报表。

A. 有关债权人　　B. 税务部门

C. 企业管理者　　D. 企业投资人

4. 下列各项中，不属于企业编制的反映各种费用支出的报表是(　　)。

A. 管理费用明细表　　B. 制造费用明细表

C. 销售费用明细表　　D. 材料费用明细表

5. (　　)是连环替代法的一种简化形式。

A. 比较分析法　　B. 比率分析法

C. 因素分析法　　D. 差额计算法

6. 可比产品成本降低率是指(　　)指标与可比产品按上年实际平均单位成

本计算的总成本的比率。

A. 可比产品成本降低额

B. 可比产品单位成本降低额

C. 可比产品本年累计实际总成本

D. 可比产品上年累计实际总成本

7. 影响可比产品成本降低任务完成情况的因素的是(　　)。

A. 产品产量变动　　B. 产品质量变动

C. 产品结构变动　　D. 产品动态变动

8. 企业成本报表的格式和编制方法(　　)。

A. 由国家统一规定　　B. 由行业主管部门统一规定

C. 由企业自行确定　　D. 由财政部统一规定

9. 制造费用明细表是反映企业在报告期内所发生的全部制造费用和各明细项目数额的报表。该表应按制造费用项目分别反映各项费用的(　　)。

A. 本年计划数　　B. 上年计划数

C. 本季累计计划数　　D. 本年累计计划数

10. 制造费用明细表的分析主要采用(　　)。

A. 比较分析法　　B. 比率分析法

C. 因素分析法　　D. 连环替代法

11. 比较分析法是指通过指标对比，从(　　)的一种分析方法。

A. 金额上确定差异　　B. 比率分析法上确定

C. 质量上确定差异　　D. 数量上确定差异

12. 下列各项中，不属于相关指标比率的是(　　)。

A. 产值成本率　　B. 销售成本率

C. 成本利润率　　D. 原材料费用比率

13. 在进行成本报表分析时，分析各因素对某一指标的影响程度时，可采用(　　)。

A. 比较分析法　　B. 单价上确定差异

C. 结构分析法　　D. 因素分析法

14. (　　)是通过计算和对比经济指标的比率，进行数量分析的分析方法。

A. 因素分析法　　B. 差额分析法

C. 比率分析法　　D. 比较分析法

15. 下列各项中，属于常用的相关成本比率分析指标的是(　　)。

A. 主营业务成本率　　B. 成本降低额

C. 成本降低率　　D. 主要业务成本降低额本率

三、多项选择题

1. 成本分析的方法包括(　　)。

A. 因素分析法　　B. 差额分析法

C. 比率分析法　　D. 比较分析法

2. 工业企业的成本费用报表包括(　　)。

A. 财务费用明细表　　B. 计件工资明细表

C. 制造费用明细表　　D. 产品生产成本报表

3. 运用连环替代法时，不需要正确确定各因素的(　　)。

A. 排列顺序　　B. 价值大小

C. 详细程度　　D. 重要程度

4. 成本报表提供的实际产品成本和费用支出资料，可以满足(　　)。

A. 国家宏观调控的需要　　B. 企业内部的需要

C. 主管企业的上级机构的需要　　D. 财政部门的需要

5. 成本报表提供的(　　)，主要是满足企业、车间和部门加强日常成本、费用管理的需要。

A. 实际产品成本　　B. 费用支出资料

C. 计划成本　　D. 费用预算资料

6. 不可比产品是指企业(　　)。

A. 本年度初次生产的新产品　　B. 以前仅属于试制过的产品

C. 曾经正式生产过的产品　　D. 计划试制的产品

7. 下列各项中，不属于通过指标对比，从数量上确定差异的分析方法有(　　)。

A. 比较分析法　　B. 连环替代法

C. 差额计算法　　D. 比率分析法

8. 下列各项中，不适用于同质指标的数量对比的有(　　)。

A. 比较分析法　　B. 比率分析法

C. 连环替代法　　D. 差额计算法

9. 成本报表的作用包括(　　)。

A. 反映企业报告期内产品成本水平

B. 反映企业成本计划的完成情况

C. 为制订成本计划提供依据

D. 为企业成本决策提供依据

10. 比较分析法是指通过指标对比、从数量上确定差异的一种方法，其通常采用的形式有(　　)。

A. 以两个性质不同但又相关的指标对比

B. 以不同时期指标的数值对比

C. 以实际指标与计划或定额指标对比

D. 以本期实际成本指标与前期的实际成本指标对比

11. 下列各项中，常用的比率分析法有(　　)。

A. 相关指标比率分析法　　B. 结构比率分析法

C. 趋势比率分析法　　D. 实际指标比率分析法

四、判断题

1. 成本报表属于内部报表，主要是为满足企业内部经营管理的需要而编制的，不对外公开。(　　)

2. 成本报表的种类、格式、项目、编制方法和程序、编制日期、具体报送对象，由国家统一规定。(　　)

3. 成本报表具有种类多、编报迅速、涉及面广、与企业生产工艺过程联系紧密等特点。(　　)

4. 反映费用支出情况的报表主要有管理费用明细表、销售费用明细表、财务费用明细表、制造费用明细表。(　　)

5. 成本报表在报送内容上不像财务报表那样规范，报送时间上也具有灵活性。(　　)

6. 成本报表指标的设置以适应企业内部管理的需要为基础。成本指标既可按完全成本反映，也可按变动成本反映。(　　)

7. 成本报表必须定期编制。(　　)

8. 商品产品成本报表是反映企业在报告期内生产的主要商品产品总成本和单位成本的会计报表。(　　)

9. 主要产品单位成本报表是商品产品成本报表的补充报表。(　　)

10. 差额计算法是连环替代法的一种简化形式。二者所应用的原理、计算程序都相同。(　　)

11. 可比产品成本降低计划是以上年实际平均单位成本为依据确定的。(　　)

12. 影响可比产品成本降低计划完成情况的因素主要有产量、品种结构和单位成本。(　　)

13. 相关指标比率分析法是指计算两个性质相同但又不相关的指标的比率进行数量分析的方法(　　)。

14. 简单因素分析指综合指标的各构成因素之间有一定的连带关系，分析某一因素的变动对综合指标的影响时，排除其他因素不至于造成错误的分析结果。(　　)

15. 制造费用明细表中费用明细项目的划分，可参照财政部有关制度的规定。(　　)

五、计算题

1. 目的：练习连环替代法的运用。

【资料】某公司的材料费用总额、产品产量、单位产品材料消耗量和材料单价的计划指标与实际指标的资料见表 13－1。

表 13－1　　材料费用分析资料表

项　目	计划数	实际数
产品产量（件）	118	133
单位产品材料消耗量（千克）	5	4
材料单价（元）	3	5
材料费用总额（元）	1 770	2 660

【要求】采用连环替代法，计算分析各因素变动对材料费用总额变动的影响程度。

2. 目的：练习差额计算法的运用。

【资料】某公司的材料费用总额、产品产量、单位产品材料消耗量和材料单价的计划指标与实际指标的资料见表 13－2。

表 13－2　　材料费用分析资料表

项　目	计划数	实际数
产品产量（件）	110	130
单位产品材料消耗量（千克）	5	4
材料单价（元）	3	5

【要求】采用差额计算法，计算分析各因素变动对差异的影响程度。

3. 目的：练习制造费用计划任务的完成和执行情况。

【资料】制造费用本年计划、本年实际资料见表 13－3。

表 13 -3 制造费用明细表 单位：元

费用项目	本年计划	本年实际	实际与计划的差异
职工薪酬	73 700	72 500	1 200
办公费	10 060	10 000	60
折旧费	29 700	29 700	0
修理费	9 200	9 000	200
租赁费	19 700	19 700	0
机物料消耗	13 200	12 000	1 200
低值易耗品摊销	800	780	20
水电费	14 700	14 000	700
劳动保护用品费	10 800	10 600	200
差旅费	2 200	2 100	100
运输费	5 200	5 080	120
保险费	2 000	2 080	-80
图纸资料费	1 500	1 300	200
其他	700	800	-100
合计	193 460	189 640	3 820

【要求】(1) 计算实际与计划的差异额。

(2) 简述本年度降低制造费用任务的完成情况。

4. 目的：练习连环替代法。

【资料】某企业 2014 年 9 月某种原材料费用的实际值是 9 240 元，而其计划值是 8 000 元。实际比计划增加 1 240 元。由于原材料费用是由产品产量、单位产品材料消耗用量和材料单价 3 个因素的乘积构成的，因此，可以将材料费用这一总指标分解为 3 个因素，然后逐个分析它们对材料费用总额的影响方向和程度。现假定这 3 个因素的数值如表 13 -4 所示。

表 13 -4 材料费用分析资料表

项目	计划数	实际数
产品产量（件）	100	110
单位产品材料消耗量（千克）	8	7
材料单价（元）	10	12
材料费用总额（元）	8 000	9 240

【要求】运用连环替代法，计算各因素变动对材料费用总额的影响方向和程度。

5. 目的：练习差额计算法。

【资料】某企业生产甲产品，本月份产量及其他有关材料费用的资料如表13－5所示。

表13－5　　材料费用分析资料表

项　　目	计划数	实际数
产品产量（件）	250	200
单位产品材料消耗量（千克）	48	50
材料单价（元）	9	10

【要求】采用差额计算法，计算分析各因素变动对差异的影响程度。

6. 目的：练习比较分析法。

【资料】某企业本年度各种产品计划成本和实际成本资料如表13－6所示。

表13－6　　成本对比分析表　　单位：元

项　　目	本年计划成本	本年实际成本	成本差异额	成本差异率
A产品	1 000 000	980 000		
B产品	2 500 000	2 600 000		
C产品	3 800 000	4 000 000		
合　计				

【要求】根据上述资料，采用比较分析法，分析各种产品的成本差额和成本差异率并将计算结果填入表中。

六、简答题

1. 简述成本报表的作用。
2. 简述成本报表的分类。
3. 简述成本报表的编制要求。
4. 简述商品产品成本报表的编制方法。
5. 简述制造费用明细表的意义。
6. 简述主要产品单位成本表的结构。
7. 简述成本分析的意义。
8. 简述成本分析的方法。
9. 简述可比产品成本降低计划完成情况的因素分析。
10. 影响成本变动的因素有哪些？

第二部分　参考答案

第一章　总　论

一、名称解释

略

二、单项选择题

1. D　2. C　3. D　4. D　5. A　6. A　7. C　8. B　9. C　10. C　11. B　12. D　13. A　14. D

三、多项选择题

1. ABCD　2. ABD　3. AB　4. ABCD　5. BC　6. ABD　7. BCD　8. AC　9. ABC　10. ABCD

四、判断题

1. ×　2. √　3. √　4. ×　5. ×　6. √　7. ×　8. √　9. √　10. √　11. ×　12. √　13. ×　14. √　15. ×　16. ×　17. √

五、简答题

略

第二章　成本核算的要求和程序

一、名词解释

略

二、单项选择题

1. A　2. B　3. C　4. A　5. C　6. A　7. C　8. D　9. B　10. B　11. B　12. C　13. A　14. C　15. D　16. B　17. D　18. A　19. D　20. D

三、多项选择题

1. ABD　2. ABC　3. AC　4. ABD　5. BCD　6. ABCD　7. CD　8. AD　9. AB　10. BCD　11. ABC　12. BD　13. ABC　14. CD　15. ABD

四、判断题

1. ×　2. √　3. ×　4. √　5. ×　6. √　7. ×　8. √　9. √　10. ×

五、简答题

略

第三章　要素费用的核算

一、名词解释

略

二、单项选择题

1. A　2. C　3. B　4. C　5. D　6. B　7. C　8. A　9. B　10. A

三、多项选择题

1. ABC　2. ACD　3. ABCD　4. BC　5. ABC　6. CD　7. AB　8. ABC　9. AC　10. ABC

四、判断题

1. √　2. √　3. ×　4. ×　5. √　6. ×　7. ×　8. ×　9. ×　10. ×　11. √　12. ×　13. ×

五、计算题

1. 耗费、支出项目表

单位：元

耗费、支出项目	产品成本或期间费用						非产品成本或非期间费用
	5月份					6月份	
	A产品成本	B产品成本	期间费用				
			管理费用	销售费用	财务费用		
1. 5月份领用原材料30 000元，其中：用于A产品15 000元，B产品8 000元，行政管理部门5 000元，销售部门2 000元	15 000	8 000	5 000	2 000			
2. 支付5月份和6月份的行政办公楼租金各60 000元，共120 000元			60 000			60 000	
3. 支付5月份和6月份的广告费各20 000元，共40 000元				20 000		20 000	
4. 5月份新购置固定资产支出200 000元							200 000
5. 支付5月份短期借款利息支出6 000元					6 000		
6. 支付5月份外购电力30 000元，其中：A产品10 000元，B产品8 000元，行政管理部门6 000元，销售部门6 000元	10 000	8 000	6 000	6 000			
7. 分配5月份职工薪酬120 000元，其中：A产品60 000元，B产品40 000元，行政管理部门10 000元，销售部门8 000元，在建工程2 000元	60 000	40 000	10 000	8 000			2 000

续表

<table>
<tr><th rowspan="4">耗费、支出项目</th><th colspan="6">产品成本或期间费用</th><th rowspan="4">非产品成本或非期间费用</th></tr>
<tr><th colspan="5">5 月份</th><th rowspan="3">6 月份</th></tr>
<tr><th rowspan="2">A产品成本</th><th rowspan="2">B产品成本</th><th colspan="3">期间费用</th></tr>
<tr><th>管理费用</th><th>销售费用</th><th>财务费用</th></tr>
<tr><td>8. 计提 5 月份固定资产折旧 60 000 元，其中：A 产品设备折旧 20 000 元，B 产品设备折旧 20 000 元，行政管理部门固定资产折旧 10 000 元，销售部门 10 000 元</td><td>20 000</td><td>20 000</td><td>10 000</td><td>10 000</td><td></td><td></td><td></td></tr>
<tr><td>合计</td><td>105 000</td><td>76 000</td><td>91 000</td><td>46 000</td><td>6 000</td><td>80 000</td><td>202 000</td></tr>
</table>

2.

原材料费用分配表

材料名称：A 材料　　2015 年 7 月　　单位：元

<table>
<tr><th>产品名称</th><th>材料消耗量总定额（千克）</th><th>分配率（元/千克）</th><th>分配金额</th></tr>
<tr><td>甲产品</td><td>400 ×8 =3 200</td><td rowspan="2">5 250 ×8/（3 200 +1 000） =10</td><td>32 000</td></tr>
<tr><td>乙产品</td><td>200 ×5 =1 000</td><td>10 000</td></tr>
<tr><td>合　计</td><td>4 200</td><td></td><td>42 000</td></tr>
</table>

原材料费用分配表

材料名称：B 材料　　2015 年 7 月　　单位：元

<table>
<tr><th>产品名称</th><th>材料消耗量总定额（千克）</th><th>分配率（元/千克）</th><th>分配金额</th></tr>
<tr><td>甲产品</td><td>400 ×3 =1 200</td><td rowspan="2">2 000 ×6/（1 200 +800） =6</td><td>7 200</td></tr>
<tr><td>乙产品</td><td>200 ×4 =800</td><td>4 800</td></tr>
<tr><td>合　计</td><td>2 000</td><td></td><td>12 000</td></tr>
</table>

3. 根据资料制表如下：

日期	类别	数量（吨）	单价（元）	总价（元）
2015. 07. 31	结存	10	1 000. 00	10 000. 00
2015. 08. 09	购进	20	1 100. 00	22 000. 00
2015. 08. 20	发出	15		
2015. 08. 21	购进	30	1 200. 00	36 000. 00
2015. 08. 26	发出	35		

要求1：

先进先出法：

发出材料金额 = （10 ×1 000. 00 + 5 ×1 100. 00） + （15 ×1 100. 00 + 20 ×1 200. 00） = 56 000. 00

加权平均法：

发出材料金额 = 【（10 000. 00 + 22 000. 00 + 36 000. 00）/（10 + 20 + 30）】 ×（15 + 35） = 56 666. 67

要求2：

甲产品重量 = 500 × 20kg = 10 000kg

乙产品重量 = 100 × 50kg = 5 000kg

先进先出法下发出材料金额为56 000. 00

所以 甲产品材料费用 = 【56 000. 00/（10 000 + 5 000）】 ×10 000 = 37 333. 33

乙产品材料费用 = 【56 000. 00/（10 000 + 5000）】 ×5 000 = 18 666. 67

加权平均法下发出材料金额为56 666. 67

所以 甲产品材料费用 = 【56 666. 67/（10 000 + 5 000）】 ×10 000 = 37 777. 78

乙产品材料费用 = 【56 666. 67（10 000 + 5 000）】 ×5 000 = 18 888. 89

相关会计分录：

先进先出法：借：基本生产成本——甲产品　　37 333. 33

——乙产品　　18 666. 67

贷：原材料——A材料　　56 000

加权平均法：借：基本生产成本——甲产品　　37 777. 78

——乙产品　　18 888. 89

贷：原材料——A材料　　56 666. 67

4. 领用时：

借：周转材料——在用　　58 000

贷：周转材料——在库　　58 000

摊销时：

采用五五摊销

借：管理费用——办公费　　29 000

贷：周转材料——摊销　　29 000

报废时：

借：原材料　　1 000

管理费用——办公费　　29 000（60 000/2 - 1 000）

贷：周转材料——摊销　　30 000

冲销账面余额：

借：周转材料——摊销　　30 000

　　贷：周转材料——在用　　30 000

（备注：领用的材料和报废的材料不是同一批）

5. 定额消耗总量 = 200 × 40 + 100 × 30 + 500 × 10 = 16 000

甲产品燃料费用 =（10 000/16 000）× 8 000 = 5 000. 00

乙产品燃料费用 =（10 000/16 000）× 3 000 = 1 875. 00

丙产品燃料费用 =（10 000/16 000）× 5 000 = 3 125. 00

6. 基本生产车间电力费用 = 0. 5 × 36 000 = 18 000. 00

行政管理部门电力费用 = 0. 5 × 4 000 = 2 000. 00

甲产品电力费用 =【18 000/（20 000 + 30 000 + 40 000）】× 20 000 = 4 000. 00

乙产品电力费用 =【18 000/（20 000 + 30 000 + 40 000）】× 30 000 = 6 000. 00

丙产品电力费用 =【18 000/（20 000 + 30 000 + 40 000）】× 40 000 = 8 000. 00

会计分录：

借：基本生产成本——甲产品　　4 000

　　　　　　　　——乙产品　　6 000

　　　　　　　　——丙产品　　8 000

　　管理费用——电费　　2 000

　　贷：应付账款——电力公司　　20 000

7. 要求 1：

应发工资 3 500/30 ×（30 − 2 − 3）+ 3 500/30 × 3 × 70% + 350 + 120 + 200 = 3 831. 67

实发工资 = 3 831. 67 − 400 − 45 = 3 386. 67

要求 2：

应发工资 3 500/20. 83 ×（20. 83 − 5）+ 3 500/20. 83 × 3 × 70% + 350 + 120 + 200 = 3 682. 73

实发工资 = 3 682. 73 − 400 − 45 = 3 237. 73

8. 小张 8 月份的计件工资 =（160 − 5）× 5 + 200 × 7 − 775 + 1 400 = 2 175. 00

9. 张强的计件工资 = 13 520/（80 × 22 + 70 × 20 + 100 × 21 + 75 × 20）× 1 760 = 3 520. 00

李军的计件工资 = 13 520/（80 × 22 + 70 × 20 + 100 × 21 + 75 × 20） × 1 400 = 2 800.00

王勇的计件工资 = 13 520/（80 × 22 + 70 × 20 + 100 × 21 + 75 × 20） × 2 100 = 4 200.00

周峰的计件工资 = 13 520/（80 × 22 + 70 × 20 + 100 × 21 + 75 × 20） × 1 500 = 3 000.00

10. 要求 1：

职工福利费 = （180 000 + 50 000 + 70 000 + 60 000 + 30 000） × 10% = 39 000.00

社会保险费 = （180 000 + 50 000 + 70 000 + 60 000 + 30 000） × 33% = 128 700.00

住房公积金 = （180 000 + 50 000 + 70 000 + 60 000 + 30 000） × 10% = 39 000.00

工会经费 = （180 000 + 50 000 + 70 000 + 60 000 + 30 000） × 2% = 7 800.00

职工教育经费 = （180 000 + 50 000 + 70 000 + 60 000 + 30 000） × 1.5% = 5 850.00

要求 2：

甲产品分配的工资费用 = 180 000/（20 000 + 30 000 + 40 000） × 20 000 = 40 000.00

乙产品分配的工资费用 = 180 000/（20 000 + 30 000 + 40 000） × 30 000 = 60 000.00

丙产品分配的工资费用 = 180 000/（20 000 + 30 000 + 40 000） × 40 000 = 80 000.00

要求 3：

工资费用会计分录

借：基本生产成本——甲产品（直接人工）　　40 000
　　　　　　　　——乙产品（直接人工）　　60 000
　　　　　　　　——丙产品（直接人工）　　80 000
　　制造费用——基本生产车间（人工费）　　50 000
　　管理费用——（工资）　　70 000
　　销售费用——（工资）　　60 000
　　辅助生产成本（工资）　　30 000
　贷：应付职工薪酬——工资　　390 000

11.

（1）借：制造费用——基本生产车间（办公费）　6 000
　　管理费用——办公费　9 550
　　贷：库存现金　15 550

（2）借：基本生产成本——甲产品　4 000
　　——乙产品　8 000
　　制造费用——基本生产车间（水电费）　7 000
　　管理费用——水电费　3 000
　　贷：银行存款　22 000

（3）借：基本生产成本——甲产品　90 000
　　——乙产品　60 000
　　制造费用——基本生产车间（材料费）　9 500
　　管理费用——材料费　500
　　贷：原材料　160 000

（4）借：基本生产成本——甲产品　10 000
　　——乙产品　20 000
　　制造费用——基本生产车间（工资）　5 500
　　管理费用——工资　4 500
　　贷：应付职工薪酬——工资　40 000

（5）借：管理费用——维修费　5 000
　　贷：银行存款　5 000

（6）借：制造费用——基本生产车间（折旧费）　11 000
　　管理费用——折旧费　5 000
　　贷：累计折旧　16 000

（7）甲产品分配的制造费用 = （6 000 + 7 000 + 9 500 + 5 500 + 11 000）/（10 000 + 5 000）×5 000 = 13 000

B 产品分配的制造费用 = （6 000 + 7 000 + 9 500 + 5 500 + 11 000）/（10 000 + 5 000）×10 000 = 26 000

借：基本生产成本——甲产品　13 000
　　——乙产品　26 000
　　贷：制造费用——基本生产车间（办公费）　6 000
　　（水电费）　7 000
　　（材料费）　9 500
　　（工资）　5 500

（折旧费） 11 000

六、简答题

略

第四章 辅助生产费用的核算

一、名词解释

略

二、单项选择题

1. D 2. D 3. B 4. D 5. D 6. C 7. C 8. B 9. C 10. D 11. A

三、多项选择题

1. BC 2. ABCD 3. BCD 4. AC 5. ABCD 6. ACD 7. AD

四、判断题

1. √ 2. × 3. √ 4. √ 5. √ 6. × 7. √ 8. × 9. × 10. √ 11. √ 12. √ 13. × 14. √ 15. √

五、计算题

1.

（1）直接分配法：

供电分配率 =14 295/（50 000 +34 000 +1 000 +8 500） =0. 152 9

供水分配率 =9 288/（4 000 +12 000 +2 000 +4 000） =0. 422 2

A 产品应负担的电费 =50 000 ×0. 152 9 =7 645

B 产品应负担的电费 =34 000 ×0. 152 9 =5 198. 6

车间一般耗用应负担的电费 =1 000 ×0. 152 9 =152. 9

厂部一般耗用应负担的电费 =14 295 －7 645 －5 198. 6 －152. 9 =1 298. 5

A 产品应负担的水费 =4 000 ×0. 422 2 =1 688. 8

B 产品应负担的水费 =12 000 ×0. 422 2 =5 066. 4

车间一般耗用应负担的水费 =2 000 ×0. 422 2 =844. 4

厂部一般耗用应负担的水费 =9 288 －1 688. 8 －5 066. 4 －844. 4 =1 688. 4

借：基本生产成本——A 产品 9 333. 8

　　基本生产成本——B 产品 10 265

　　制造费用 3 984. 2

　　贷：辅助生产成本——供电车间 14 295

　　　　辅助生产成本——供水车间 9 288

（2）交互分配法：

A. 计算分配率：供电车间　分配率 =14 295 ÷98 000 =0. 145 9 元

供水车间　分配率 = 9 288 ÷ 28 500 = 0. 325 9 元
供电车间的水费 = 0. 325 9 × 6 500 = 2 118. 35 元
供水车间的电费 = 0. 145 9 × 4 500 = 656. 55 元
B. 对外分配：
确定辅助生产车间对外分配费用的分配额：
供电车间 = 14 295 + 2 118. 35 − 656. 55 = 15 756. 8 元
供水车间 = 9 288 + 656. 55 − 2 118. 35 = 7 826. 2 元
计算分配率　供电车间 = 15 756. 8 ÷ （98 000 − 4 500） = 0. 168 5
供水车间 = 7 826. 2 ÷ （28 500 − 6 500） = 0. 355 7
各受益单位的分配额计算

基本生产车间的	A 产品	电费 = 50 000 × 0. 168 5 = 8 425
		水费 = 4 000 × 0. 355 7 = 1 422. 8
	B 产品	电费 = 34 000 × 0. 168 5 = 5 729
		水费 = 12 000 × 0. 355 7 = 4 268. 4
	车间一般	电费 = 1 000 × 0. 168 5 = 168. 5
		水费 = 2 000 × 0. 355 7 = 711. 4
	厂部	电费 = 8 500 × 0. 168 5 = 1 434. 3
		水费 = 4 000 × 0. 355 7 = 1 423. 6

C. 交互分配分录：
供电车间的水费
借：辅助生产成本——供电车间　　2 118. 35
　　贷：辅助生产车间——供水车间　　2 118. 35
供水车间的电费
借：辅助生产成本——供水车间　　656. 55
　　贷：辅助生产车间——供电车间　　656. 55
对外分配的分录
借：基本生产成本——A 产品　　9 847. 8
　　　　　　　　——B 产品　　9 997. 4
　　制造费用　　879. 9
　　管理费用　　2 857. 9
　　贷：辅助生产成本——供电车间　　15 756. 8
　　　　　　　　　　——供水车间　　7 826. 2
2. 根据资料计算如下：
A. 供水车间负担的电费：800 × 0. 31 = 248

生产产品耗用的电费：13 000 ×0. 31 =4 030

车间一般耗用的电费：1 400 ×0. 31 =434

管理部门耗用的电费：800 ×0. 31 =248

供电车间负担的水费：800 ×0. 55 =440

车间一般耗用的水费：8 000 ×0. 55 =4 400

管理部门耗用的水费：600 ×0. 55 =330

B. 按计划成本分配的费用合计：

供电车间 =248 +4 030 +434 +248 =4 960

供水车间 =440 +4 400 +330 =5 170

辅助生产实际成本合计

供电车间 =4 800 +440 =5 240

供水车间 =4 700 +248 =4 948

则供电车间的辅助生产成本差异 =5 240 -4 960 =280

供水车间的辅助生产成本差异 =4 948 -5 170 = -222

C. 会计分录：

（1）借：基本生产成本　4 030
　　　制造费用　434
　　　辅助生产成本——供水　248
　　　管理费用　248
　　贷：辅助生产费用——供电　4 960

（2）借：制造费用　4 400
　　　辅助生产成本——供电　440
　　　管理费用　330
　　贷：辅助生产费用——供水　5 170

（3）借：管理费用　58
　　贷：辅助生产费用——供电　280
　　　　　　　　——供水　-222

3.

（1）直接分配法

机修车间的费用分配率 =63 000/（7 000 -1 000） =10. 5

供电车间的费用分配率 =60 000/（150 000 -30 000） =0. 5

基本生产车间管理应负担的修理费 =2 500 ×10. 5 =26 250

行政管理部门应负担的修理费 =2 000 ×10. 5 =21 000

销售机构应负担的修理费 =1 500 ×10. 5 =15 750

基本生产车间生产产品应负担的电费 = 80 000 × 0.5 = 40 000

基本生产车间管理应负担的电费 = 10 000 × 0.5 = 5 000

行政管理部门应负担的电费 = 25 000 × 0.5 = 12 500

销售机构应负担的电费 = 5 000 × 0.5 = 2 500

会计分录：

借：基本生产成本　　40 000

　　制造费用　　31 250

　　管理费用　　33 500

　　销售费用　　18 250

　　贷：辅助生产成本——机修车间　　63 000

　　　　　　　　　　——供电车间　　60 000

（2）交互分配法

机修交互分配率 = 63 000/7 000 = 9

供电交互分配率 = 60 000/150 000 = 0.4

供电车间应负担的修理费 = 1 000 × 9 = 9 000

机修车间应负担的电费 = 30 000 × 0.4 = 12 000

机修车间的实际费用 = 63 000 + 12 000 − 9 000 = 66 000

供电车间的实际费用 = 60 000 + 9 000 − 12 000 = 57 000

对外分配率：机修车间 = 66 000/（7 000 − 1 000） = 11

供电车间 = 57 000/（150 000 − 30 000） = 0.475

基本生产车间管理应负担的修理费 = 2 500 × 11 = 27 500

行政管理部门应负担的修理费 = 2 000 × 11 = 22 000

销售机构应负担的修理费 = 1 500 × 11 = 16 500

基本生产车间生产产品应负担的电费 = 80 000 × 0.475 = 38 000

基本生产车间管理应负担的电费 = 10 000 × 0.475 = 4 750

行政管理部门应负担的电费 = 25 000 × 0.475 = 11 875

销售机构应负担的电费 = 5 000 × 0.475 = 2 375

交互分配时

借：辅助生产成本——机修车间　　12 000

　　　　　　　　——供电车间　　9 000

　　贷：辅助生产成本——机修车间　　9 000

　　　　　　　　　　——供电车间　　12 000

对外分配时

借：基本生产成本　　38 000

制造费用　　32 250
管理费用　　33 875
销售费用　　18 875
贷：辅助生产成本——机修车间　　66 000
——供电车间　　57 000

（3）代数分配法

设每小时修理的成本为 X，每度电的成本为 Y 则：

$$63\ 000 + 30\ 000Y = 7\ 000X$$

$$60\ 000 + 1\ 000X = 150\ 000Y$$

解得：Y = 0.473 5

X = 11.029 4

基本生产车间管理应负担的修理费 = 2 500 × 11.029 4 = 27 573.50

供电车间应负担的修理费 = 1 000 × 11.029 4 = 11 029.4

行政管理部门应负担的修理费 = 2 000 × 11.029 4 = 22 058.8

销售机构应负担的修理费 = 1 500 × 11.029 4 = 16 544.1

基本生产车间生产产品应负担的电费 = 80 000 × 0.473 5 = 37 880

机修车间应负担的电费 = 30 000 × 0.473 5 = 14 205

基本生产车间管理应负担的电费 = 10 000 × 0.473 5 = 4 735

行政管理部门应负担的电费 = 25 000 × 0.473 5 = 11 837.5

销售机构应负担的电费 = 5 000 × 0.473 5 = 2 367.5

会计分录

借：辅助生产成本——机修车间　　14 205
——供电车间　　11 029.4
基本生产成本　　37 880
制造费用　　32 308.5
管理费用　　33 896.3
销售费用　　18 911.6
贷：辅助生产成本——机修车间　　77 205.8
——供电车间　　71 025

4. 机修车间应负担的运输费 = 200 × 3 = 600

A 产品应负担的运输费 = 1 700 × 3 = 5 100

B 产品应负担的运输费 = 3 360 × 3 = 10 080

一车间应负担的运输费 = 940 × 3 = 2 820

二车间应负担的运输费 = 1 500 × 3 = 4 500

管理部门应负担的运输费 = 2 300 × 3 = 6 900
运输车间应负担的修理费 = 100 × 25 = 2 500
一车间应负担的修理费 = 1 1400 × 25 = 285 000
二车间应负担的修理费 = 7 000 × 25 = 175 000
管理部门应负担的修理费 = 1 500 × 25 = 37 500
运输车间计划总成本 = 10 000 × 3 = 30 000
修理车间计划总成本 = 20 000 × 25 = 500 000
运输车间的实际总成本 = 33 000 + 2 500 = 35 500
修理车间的实际总成本 = 495 000 + 600 = 495 600
运输车间的成本差异 = 35 500 − 30 000 = 5 500
修理车间的成本差异 = 495 600 − 500 000 = −4 400

分配运输费

借：基本生产成本——A 产品	5 100	
——B 产品	10 080	
辅助生产成本——一车间	2 820	
——二车间	4 500	
——机修车间	600	
管理费用	6 900	
贷：辅助生产成本——运输车间		30 000

分配修理费

借：辅助生产成本——一车间	285 000	
——二车间	175 000	
——运输车间	2 500	
管理费用	37 500	
贷：辅助生产成本——运输车间		500 000

差异

借：管理费用	1 100	
贷：辅助生产成本——运输车间		5 500
——机修车间		−4 400

六、简答题

略

第五章　制造费用的核算

一、名词解释

略

二、单项选择题

1. D　2. D　3. A　4. B　5. D　6. A　7. B　8. B　9. A　10. B

三、多项选择题

1. ABC　2. AC　3. ABCD　4. BCD　5. ACD　6. ABD

四、判断题

1. ×　2. ×　3. ×　4. √　5. ×　6. √　7. √　8. ×　9. √

五、计算题

1. 制造费用分配率＝700 000/（40 000＋30 000）＝10

A 产品应负担的制造费用＝40 000×10＝400 000（元）

B 产品应负担的制造费用＝30 000×10＝300 000（元）

会计处理如下：

借：基本生产成本——A 产品　　400 000
　　　　　　　　——B 产品　　300 000
　贷：制造费用　　700 000

2. 38 000/（9 600＋5 000＋4 400）＝2

甲产品生产工人工资 9 600×2＝19 200

乙产品生产工人工资 5 000×2＝10 000

丙产品生产工人工资 4 400×2＝8 800

借：基本生产成本——甲产品　　19 200
　　　　　　　　——乙产品　　10 000
　　　　　　　　——丙产品　　8 800
　贷：制造费用　　38 000

3. 32 300/（1 000＋400＋600）＝16. 15

甲产品生产工人工资 1 000×16. 15＝16 150

乙产品生产工人工资 400×16. 15＝6 460

丙产品生产工人工资 600×16. 15＝9 690

借：基本生产成本——甲产品　　16 150
　　　　　　　　——乙产品　　6 460
　　　　　　　　——丙产品　　9 690
　贷：制造费用　　32 300

4. （1）该设备单位折旧额＝1 500 000×（1－5%）/18 000＝79. 17

5 月份该设备折旧额＝79. 17×100＝7 917（元）

（2）会计分录：

借：制造费用　　　　7 917

　　贷：累计折旧　　　　7 917

5. 按年度计划分配率法分配制造费用，首先计算年度计划分配率：

甲产品年度计划产量的定额工时 = 2 000 × 5 = 10 000（小时）

乙产品年度计划产量的定额工时 = 1 500 × 4 = 6 000（小时）

年度计划分配率 = 年度制造费用计划总额/年度各产品计划产量的定额工时总数 = 180 000/（10 000 + 6 000） = 11.25

甲．乙产品分配制造费用：

甲产品本月实际产量的定额工时 = 200 × 5 = 1 000（小时）

乙产品本月实际产量的定额工时 = 100 × 4 = 400（小时）

本月甲产品分配的制造费用 = 1 000 × 11.25 = 11 250（元）

本月乙产品分配的制造费用 = 400 × 11.25 = 4 500（元）

会计分录如下：

借：基本生产成本——甲产品　　　　11 250

　　　　　　　　——乙产品　　　　4 500

　　贷：制造费用　　　　15 750

6.

（1）借：基本生产成本——甲产品　　　　8 000

　　　　　　　　　　——乙产品　　　　6 000

　　　　制造费用——材料　　　　2 000

　　　　贷：原材料　　　　16 000

（2）借：基本生产成本——甲产品　　　　6 000

　　　　　　　　　　——乙产品　　　　4 000

　　　　制造费用——人工　　　　2 000

　　　　贷：应付职工薪酬　　　　12 000

（3）借：制造费用——折旧　　　　4 000

　　　　贷：累计折旧　　　　4 000

（4）借：制造费用——水电费　　　　2 000

　　　　贷：银行存款　　　　2 000

（5）借：制造费用——其他　　　　5 000

　　　　贷：银行存款　　　　5 000

制造费用明细账

车间名称：基本生产车间　　2015 年 8 月　　单位：元

摘　要	机物料消耗	人工费	折旧费	水电费	其他	合计
分配材料费用	2 000					2 000
分配工资费用		2 000				2 000
计提折旧费			4 000			4 000
支付水电费				2 000		2 000
支付其他费用					5 000	5 000
合　计	2 000	2 000	4 000	2 000	5 000	15 000

六、简答题

略

第六章　废品损失的核算

一、名词解释

略

二、单项选择题

1. B　2. B　3. A　4. D　5. C　6. C　7. B　8. D　9. A　10. D　11. B　12. C　13. A

三、多项选择题

1. ABC　2. AB　3. ABD　4. AB　5. BC　6. AB　7. ABD　8. CD　9. CD　10. BCD

四、判断题

1. √　2. √　3. ×　4. ×　5. ×　6. ×　7. √　8. √　9. ×　10. √

五、计算题

1. （1）不可修复废品的生产成本 = 10 × 80 + 180 × 2.5 + 180 × 1.6 = 1 538（元）

不可修复废品的净损失 = 1 538 − 85 − 65 = 1 388（元）

（2）

借：废品损失——A 产品　　1 538

　　贷：基本生产成本——A 产品　　1 538

借：原材料　　85

　　其他应收款　　65

　　贷：废品损失——A 产品　　150

借：基本生产成本——A 产品　　1 388

　　贷：废品损失——A 产品　　1 388

2. （1）不可修复废品的生产成本 $=15\times30+225\times5+225\times6=2\ 925$（元）

（2）全部废品的净损失 $=2\ 925+675+900+825-180-120=5\ 025$（元）

（3）

借：废品损失——甲产品　　2 925
　贷：基本生产成本——甲产品　　2 925
借：废品损失——甲产品　　2 400
　贷：原材料　　675
　　应付职工薪酬　　900
　　制造费用　　825
借：原材料　　180
　其他应收款　　120
　贷：废品损失——甲产品　　300
借：基本生产成本——甲产品　　5 025
　贷：废品损失——甲产品　　5 025

3.

不可修复废品损失计算表

产品名称：甲　　2015 年 4 月　　单位：元

项　目	直接材料	燃料及动力	直接人工	制造费用	合计
费用总额	180 000	20 650	32 450	26 550	259 650
合格品数量	1 160				
废品数量	40				
合格品工时		58 000	58 000	58 000	
废品工时		1 000	1 000	1 000	
费用分配率	150	0. 35	0. 55	0. 45	
废品成本	6 000	350	550	450	7 350
减：回收残值	500				
减：责任人赔偿			275		
废品损失	5 500	350	275	450	6 575

六、简答题

略

第七章　生产费用在完工产品和在产品之间的分配方法

一、名词解释

略

二、单项选择题

1. A　2. B　3. B　4. C　5. A　6. C　7. B　8. A　9. B　10. C　11. B　12. C　13. B　14. C　15. C　16. C　17. A　18. D

三、多项选择题

1. BCD　2. ABCD　3. ABCD　4. BCD　5. ABC　6. ABD　7. ABCD　8. BCD　9. AC　10. AD　11. AB　12. ABC　13. ABC

四、判断题

1. ×　2. ×　3. ×　4. √　5. ×　6. ×　7. √　8. ×　9. √　10. √　11. √　12. ×　13. √　14. ×　15. ×　16. ×　17. ×　18. ×　19. √　20. ×　21. √　22. √　23. ×　24. ×　25. ×　26. ×　27. ×　28. ×　29. √

五、计算题

1.

甲产品完工产品总成本 = 189 900 + 110 000 + 50 000 + 29 900 = 379 800. 00

甲产品完工产品单位成本 = 379 800/1 000 = 379. 8 元/件

2.

甲产品完工产品总成本 = 189 900 + 110 000 + 50 000 + 29 900 = 379 800. 00

3.

甲产品完工产品总成本 = 7 600 + 6 400 + 3 800 + 2 020 = 19 820. 00

甲产品完工产品单位成本 = 19 820/200 = 99. 10

4.

甲产品完工产品总成本 = 189 900 + 120 000 + 50 000 + 29 900 = 389 800. 00

甲产品完工产品单位成本 = 379 800/2 000 = 194. 9

5.

原材料费用分配率 = （30 000 + 270 000）/（8 000 + 2 000） = 30 元/件

甲产品完工产品总成本 = 30 × 8 000 + 20 000 + 8 000 = 268 000

月末未完工产品成本 = 30 × 2 000 = 60 000

甲产品完工产品单位成本 = 268 000/8 000 = 33. 5

6.

第一道工序在产品完工率 = 16 × 50% /40 = 20%

第二道工序在产品完工率 = （16 + 24 × 50% ）/40 = 70%

7.

要求 1

第一道工序完工率 = 16/40 = 40%　　第二道工序完工率 = （16 + 24）/40 = 100%

要求 2

第一道工序完工率 = 16 × 50%/40 = 20%　第二道工序完工率 = （16 + 24 × 50%） = 70%

8.

要求 1

在产品的约当产量 = 100 × 30% = 30

约当总产量 = 300 + 100 × 30% = 330

要求 2

A 产品完工产品总成本 = 99 000/330 × 300 = 90 000

A 产品单位成本 = 90 000/300 = 300

9.

要求 1

第一道工序在产品完工率 = 14 × 50%/40 = 17.5%

第二道工序在产品完工率 = （14 + 26 × 50%）/40 = 67.5%

要求 2

第一道工序在产品约当产量 = 1 000 × 17.5% = 175

第二道工序在产品约当产量 = 1 500 × 67.5% = 1 012.50

10.

要求 1

第一道工序在产品完工率 = 13/50 = 26%

第二道工序在产品完工率 = （26 + 24 × 50%）/50 = 76%

要求 2

第一道工序在产品约当产量 = 1 200 × 26% = 312

第二道工序在产品约当产量 = 1 500 × 76% = 1 140

要求 3

制造费用分配率 = 89 040/（312 + 1 140 + 3 000） = 20

要求 4

完工产品费用 = 3 000 × 20 = 60 000

在产品费用 = 1 452 × 20 = 29 040

11.

月末在产品原材料约当产量＝100

月末在产品人工费约当产量＝100×60%＝60

月末在产品制造费用约当产量＝100×60%＝60

原材料费用分配率＝（32 000＋45 000）/（600＋100）＝110

甲产品完工产品原材料总成本＝600×110＝66 000.00

人工费用分配率＝（37 000＋95 000）/（600＋60）＝200

甲产品完工产品人工总成本＝600×200＝120 000.00

制造费用分配率＝（10 000＋56 000）/（600＋60）＝100

甲产品完工产品制造费用总成本＝600×100＝60 000.00

甲产品完工产品总成本＝66 000＋120 000＋60 000＝246 000.00

甲产品完工产品单位成本＝246 000/600＝410.00

12.

成本计算单

产品名称：乙产品　　　　　　　　2015 年 5 月

项目	直接材料	燃料及动力	直接人工	制造费用	合计
月初在产品成本（元）	40 000	2 000	9 700	6 000	57 700
本月生产费用（元）	270 000	22 300	60 500	25 500	378 300
生产费用合计（元）	310 000	24 300	70 200	31 500	436 000
约当产量（件）	1 000	900	900	900	—
分配率（元/件）	310	27	78	35	—
完工产品成本（元）	248 000	21 600	62 400	28 000	360 000
月末在产品成本（元）	62 000	2 700	7 800	3 500	76 000

会计分录：

借：库存商品——乙产品　　　　　　　　360 000

　　贷：基本生产成本——乙产品　　　　　　360 000

13.

要求 1：

第一道工序完工率＝8×50%/40＝10%

第二道工序完工率＝（8＋16×50%）/40＝40%

第三道工序完工率＝（8＋16＋16×50%）/40＝80%

要求 2：

在产品原材料约当产量＝1 000＋1 200＋1 500＝3 700

在产品人工费用约当产量 = 1 000 × 10% + 1 200 × 40% + 1 500 × 80% = 1 780

在产品燃料及动力约当产量 = 1 000 × 10% + 1 200 × 40% + 1 500 × 80% = 1 780

在产品制造费用约当产量 = 1 000 × 10% + 1 200 × 40% + 1 500 × 80% = 1 780

要求 3：

成本计算单

产品名称：乙产品　　　　　　　　2015 年 5 月

项目	直接材料	燃料及动力	直接人工	制造费用	合计
月初在产品成本（元）	60 000	22 200	97 800	14 670	194 670
本月生产费用（元）	80 400	75 600	195 600	489 000	840 600
生产费用合计（元）	140 400	97 800	293 400	503 670	1 035 270
约当总产量（件）	11 700	9 780	9 780	9 780	—
分配率（元/件）	12	10	30	51. 50	—
完工产品成本（元）	96 000	80 000	240 000	412 000	828 000
月末在产品成本（元）	44 400	17 800	53 400	91 670	207 270

要求 4：

会计分录：

借：库存商品——乙产品　　　　　　　　　　828 000

　贷：基本生产成本——乙产品　　　　　　　　828 000

14.

要求 1：

第一道工序在产品完工率 = 40/100 = 40%　在产品约当产量 = 500 × 40% = 200 件

第二道工序在产品完工率 = （40 + 60）/100 = 100%　在产品约当产量 = 500 件

原材料费用分配率 = 517 500/（200 + 500 + 1 550） × 1 550 = 230

完工产品原材料费用 = 230 × 1 550 = 356 500

在产品原材料费用 = 517 500 − 356 500 − 161 000

要求 2：

第一道工序在产品完工率 = 40 × 50%/100 = 20%　在产品约当产量 = 500 × 20% = 100 件

第二道工序在产品完工率 =（40 + 60 × 50%）/100 = 70%　在产品约当产量 = 500 × 70% = 350 件

原材料费用分配率 = 517 500（100 + 350 + 1 550）× 1 550 = 258.75

完工产品原材料费用 = 258.75 × 1 550 = 401 062.5

在产品原材料费用 = 5 175 000 − 401 062.5 = 116 437.5

15.

在产品直接人工（制造费用）约当产量 =（20 × 50%/50 × 100）+［（20 + 20 × 50%）/50 × 150］+［（20 + 20 + 10 × 50%）］/50 × 120 = 20 + 90 + 108 = 218

在产品原材料费用约当产量 = 100 × 50% + 150 × 30% + 120 × 20% = 119

16. 在产品直接材料费用 = 500 × 80 = 40 000.00

在产品人工费用 = 500 × 3 × 6 = 9 000.00

在产品制造费用 = 500 × 2 × 6 = 6 000.00

所以月末在产品总成本 = 40 000 + 9 000 + 6 000 = 55 000.00

产成品总成本 = 30 000 + 30 000 + 28 000 − 55 000 = 33 000.00

17.

产品成本计算单

产品名称：甲产品　　　　单位：元

摘　　要	直接材料	直接人工	制造费用	合计
月初在产品成本	9 000	2 500	7 500	19 000
本月生产费用	180 000	22 500	30 000	232 500
生产费用合计	189 000	25 000	37 500	251 500
分配率	2.625	10	15	
本月完工产品成本	147 000	21 000	31 500	199 500
月末在产品成本	42 000	4 000	6 000	52 000

完工产品成本 = 199 500.00

在产品成本 = 52 000.00

18.

费用总和 = 25 600 + 5 600 + 6 400 = 37 600.00

完工产品成本 = 37 600/800 × 600 = 28 200.00

在产品成本 = 37 600 − 28 200 = 9 400.00

19.

产品成本计算单

产品名称：甲产品　　　　单位：元

摘　　要	直接材料	直接人工	制造费用	合计
月初在产品成本	103 290	25 590	15 000	143 880
本月生产费用	929 670	294 210	176 880	1 400 760
生产费用合计	1 032 960	319 800	191 880	1 544 640
分配率	0. 96	3	1. 80	
本月完工产品成本	768 000	270 000	162 000	1 200 000
月末在产品成本	264 960	49 800	29 880	344 640

完工产品材料费用定额 = 1 000 × 800 = 800 000

在产品材料费用定额 = 150 × 600 + 140 × 700 + 110 × 800 = 276 000

材料费用分配率 = 1 032 960/（800 000 + 276 000） = 0. 96

完工产品总定额工时 = 1 000 × 90 = 90 000

在产品总定额工时 = 150 × 10 + 140 × 45 + 110 × 80 = 16 600

人工费用分配率 = 319 800/（90 000 + 16 600） = 3

制造费用分配率 = 191 880/（90 000 + 16 600） = 1. 8

完工产品成本 = 1 200 000. 00

在产品成本 = 344 640. 00

六、简答题

略

第八章　品种法核算

一、名称解释

略

二、单项选择题

1. A　2. A　3. D　4. A　5. C　6. A　7. A　8. B　9. B　10. C　11. A　12. C　13. B　14. B　15. D　16. B　17. B　18. B　19. D　20. A　21. B　22. B　23. C

三、多项选择题

1. ABC　2. BD　3. BD　4. ABCD　5. CD　6. AC　7. AB　8. AD　9. ACD　10. BC　11. AB　12. BC　13. ACD　14. ABD　15. ABCD　16. BC　17. ABCD　18. AC　19. ABCD　20. BCD

四、判断题

1. √ 2. × 3. √ 4. × 5. × 6. √ 7. × 8. √ 9. √ 10. × 11. × 12. √ 13. √ 14. × 15. √ 16. × 17. √ 18. √ 19. √ 20. × 21. ×

五、计算题

（一）编制有关的会计分录

1. 借：基本生产成本——甲产品　19 000
　　　　　　　　——乙产品　16 000
　　辅助生产成本——机修车间　1 100
　　　　　　　　——运输车间　200
　　　制造费用——基本生产车间　4 000
　　　　　　　——机修车间　1 000
　　　　　　　——运输车间　400
　　销售费用　5 000
　　管理费用　3 000
　　贷：原材料　49 700

2. 借：辅助生产成本——运输车间　5 000
　　制造费用——基本生产车间　700
　　　　　　——机修车间　600
　　管理费用　500
　　贷：燃料　6 800

3. 借：制造费用——基本生产车间　6 000
　　　　　　——机修车间　5 500
　　　　　　——运输车间　5 100
　　销售费用　4 000
　　管理费用　2 100
　　贷：周转材料——低值易耗品　22 700

4. 借：制造费用——基本生产车间　5 000
　　　　　　——机修车间　400
　　　　　　——运输车间　200
　　销售费用　1 000
　　管理费用　400
　　贷：银行存款　7 000

5. 借：基本生产成本——甲产品　28 000
　　　　　　　　——乙产品　25 000

辅助生产成本——机修车间　　7 200
　　——运输车间　　6 000
制造费用——基本生产车间　　5 000
　　——机修车间　　3 600
　　——运输车间　　6 000
销售费用　　8 000
管理费用　　6 900
贷：应付职工薪酬——工资　　　95 700

6. 借：基本生产成本——甲产品　　2 800
　　——乙产品　　2 500
辅助生产成本——机修车间　　720
　　——运输车间　　600
制造费用——基本生产车间　　500
　　——机修车间　　360
　　——运输车间　　600
销售费用　　800
管理费用　　690
贷：应付职工薪酬——福利费　　　9 570

7. 借：制造费用——基本生产车间　　10 600
　　——机修车间　　5 100
　　——运输车间　　3 200
销售费用　　800
管理费用　　1 800
贷：累计折旧　　　21 500

8. 借：资产减值损失　　2 700
贷：坏账准备　　　2 700

9. 借：管理费用　　10 300
贷：银行存款　　　10 300

10. 借：管理费用　　1 800
贷：银行存款　　　1800

11. 借：管理费用　　5 900
贷：银行存款　　　5 900

12. 借：财务费用　　1 000
贷：银行存款　　　1 000

13\. 借：管理费用　　1 000
　　贷：累计摊销　　1 000

14\. 借：管理费用　　1 200
　　贷：银行存款　　1 200

15\. 借：制造费用——基本生产车间　　4 800
　　　　——机修车间　　2 500
　　　　——运输车间　　2 700
　　销售费用　　1 500
　　管理费用　　3 000
　　贷：银行存款　　14 500

16\. 借：应付利息　　3 600
　　贷：银行存款　　3 600

17\. 借：销售费用　　1 000
　　贷：银行存款　　1 000

18\. 借：辅助生产成本——机修车间　　19 060
　　　　——运输车间　　18 200
　　贷：制造费用——机修车间　　19 060
　　　　——运输车间　　18 200

机修车间＝1 000＋600＋5 500＋400＋3 600＋360＋5 100＋2 500＝19 060

运输车间＝400＋5 100＋200＋6 000＋600＋3 200＋2 700＝18 200

19\. 借：制造费用—基本生产车间　　14 040
　　销售费用　　29 616
　　管理费用　　14 424
　　贷：辅助生产成本——机修车间　　28 080
　　　　——运输车间　　30 000

20\. 借：基本生产成本——甲产品　　30 384
　　　　——乙产品　　20 256
　　贷：制造费用——基本生产车间　　36 600

制造费用（基本生产车间）＝4 000＋700＋6 000＋5 000＋5 000＋500＋10 600＋4 800＋14 040＝50 640

21\. 甲产品完工成本＝19 000＋28 000＋2 800＋30 384＋3 700＋2 500＋1 600－2 800－2 300－1 400＝81 484

乙产品完工成本＝16 000＋25 000＋2 500＋20 256＋5 400＋3 300＋2 100－2 100－1 800－1 200＝69 456

借：库存商品——甲产品　　81 484

　　　　　——乙产品　　69 456

　贷：基本生产成本——甲产品　　81 484

　　　基本生产成本——乙产品　　69 456

22. 借：本年利润　　105 730

　　贷：管理费用　　53 014

　　　　销售费用　　51 716

　　　　财务费用　　1 000

（二）

（1）根据上述材料，编制甲产品的产品成本计算单，见表8－1。

表8－1　　产品成本计算单

产品名称：甲产品　　2015年5月　　单位：元

摘要	直接材料	直接人工	制造费用	合计
月初在产品成本	2 200 000	180 000	240 000	2 620 000
本月生产费用	7 400 000	1 641 600	772 000	9 813 600
生产费用合计	9 600 000	1 821 600	1 012 000	12 433 600
单位成本	960	198	110	
完工产品成本	8 064 000	1 663 200	924 000	10 651 200
月末在产品成本	1536 000	158 400	88 000	1782 400

（2）根据上述材料，编制结转完工入库甲产品成本的会计分录。

借：库存商品——甲产品　　10 651 200

　贷：基本生产成本——甲产品　　10 651 200

（三）

（1）完成相关账表。

（2）编制材料费用分配表，如表8－2所示。

表8－2　　材料费用分配表

2015年5月　　单位：元

应借科目		直接计入金额	分配计入金额			合计
			定额消耗量（千克）	分配率	分配金额	
基本生产成本	甲产品	44 100	30 000	2元/千克	60 000	104 100
	乙产品	37 040	15 000		30 000	67 040
	小计	81 140	45 000		90 000	171 140
辅助生产成本	运输车间	9 000				9 000
制造费用		19 380				19 380
合计		199 520				199 520

（3）编制职工薪酬费用分配表，如表8－3所示。

表8－3　职工薪酬费用分配表

2015年5月　单位：元

应借科目		直接计入金额	分配计入金额			合计
			生产工时（小时）	分配率	分配金额	
基本生产成本	甲产品		9 000	5元/小时	45 000	45 000
	乙产品		11 000		55 000	55 000
	小计		20 000		100 000	100 000
辅助生产成本	运输车间	8 000				8 000
制造费用		16 000				16 000
管理费用		10 000				10 000
合　计		34 000			100 000	134 000

（4）编制外购动力费用分配表，如表8－4所示。

表8－4　外购动力费用分配表

2015年5月　单位：元

应借科目		直接计入金额	分配计入金额			合计
			生产工时（小时）	分配率	分配金额	
基本生产成本	甲产品		9 000	0.6元/小时	5 400	5 400
	乙产品		11 000		6 600	6 600
	小计		20 000		12 000	12 000
辅助生产成本	运输车间	1 200				1 200
制造费用		1 100				1 100
管理费用		700				700
合计		3 000			12 000	15 000

（5）编制折旧费用计算表，如表8－5所示。

表8－5　折旧费用计算表

2015年5月　单位：元

应借账户	月应提折旧额
辅助生产成本——运输车间	1 200
制造费用	5 800
管理费用	1 000
合　计	8 000

（6）编制其他费用分配表，如表8－6所示。

表8－6　　其他费用分配表

2015年5月　　单位：元

应借账户	办公费	差旅费	合计
辅助生产成本——运输车间	400	1 600	2 000
制造费用	4 020	2 600	6 620
管理费用	380	800	1 180
合　　计	4 800	5 000	9 800

（7）编制辅助生产成本明细账，如表8－7所示。

表8－7　　辅助生产成本明细账

车间名称：运输车间　　2015年5月　　单位：元

2015年		凭证号数	摘　要	机物料	职工薪酬	电费	折旧费	办公费	差旅费	合计
月	日									
5	31	记1	分配材料	9 000						9 000
	31	记2	职工薪酬		8 000					8 000
	31	记3	外购动力			1 200				1 200
	31	记4	折旧费用				1 200			1 200
	31	记5	办公费					400		400
	31	记6	修理费						1 600	1 600
	31		本月合计	9 000	8 000	1 200	1 200	400	1 600	21 400

（8）编制辅助生产费用分配表，如表8－8所示。

表8－8　　辅助生产费用分配表

车间名称：运输车间　　2015年5月　　单位：元

应借账户	费用项目	耗用劳务数量（公里）	分配率	分配额
制造费用	运输费	7 000	2. 49	17 430
管理费用	运输费	1 600		3 970
合　　计		8 600		21 400

(9) 编制制造费用明细账，如表8-9所示。

表8-9　　制造费用明细账

2015年5月　　单位：元

2015年		凭证号数	摘要	机物料	职工薪酬	电费	折旧费	办公费	差旅费	运输费	合计
月	日										
5	3	略	机物料	19 380							19 380
	3		职工薪酬		16 000						16 000
	3		外购动力			1 100					1 100
	3		折旧费用				5 800				5 800
	3		办公费					4 020			4 020
	3		差旅费						2 600		2 600
	3		运输费							17 430	17 430
	3		本月合计	19 380	16 000	1 100	5 800	4 020	2 600	17 430	66 330

(10) 编制制造费用分配表，如表8-10所示。

表8-10　　制造费用分配表

2015年5月　　单位：元

应借账户		生产工时（小时）	分配率	分配额
基本生产成本	甲产品	9 000	3.316 5	29 848.5
	乙产品	11 000		36 481.5
合计		20 000		66 330

(11) 甲、乙产品的产品成本明细账分别如表8-11、表8-12所示。

表8-11　　产品成本明细账

产品名称：甲产品　　2015年5月　　单位：元

2015年		凭证号数	摘要	直接材料	直接人工	制造费用	合计
月	日						
			月初在产品	80 900	58 600	60 951.5	200 451.50
			分配材料	104 100			104 100
			分配工资		45 000		45 000
			外购动力费			5 400	5 400
			分配制造费用			29 848.5	29 848.5
			生产费用合计	185 000	103 600	96 168.5	384 800

表 8－12　　　　产品成本明细账

产品名称：乙产品　　　　2015 年 5 月　　　　单位：元

2015 年		凭证号数	摘　要	直接材料	直接人工	制造费用	合计
月	日						
			月初在产品成本	61 760	29 480	27 318.5	118 558.5
			分配材料	67 040			67 040
			分配工资		55 000		55 000
			外购动力			6 600	6 600
			分配制造费用			36 481.5	36 481.5
			生产费用合计	128 800	84 480	70 361.5	283 680

（12）甲、乙产品的产品成本计算单分别如表 8－13、表 8－14 所示。

表 8－13　　　　产品成本计算单

产品名称：甲产品　　　　完工产品：6500　　　　完工程度 60%

2015 年 5 月　　　　单位：元

项　目	直接材料	直接人工	制造费用	合计
月初在产品成本	80 900	58 600	60 951.5	200 451.5
本月生产费用	104 100	45 000	35 248.5	184 348.5
生产费用合计	185 000	103 600	96 168.5	384 800
完工产品数量	6 500	6 500	6 500	
月末在产品数量	1 500	1 500	1 500	
在产品完工程度	60%	60%	60%	
在产品约当产量	900	900	900	
约当总产量	7 400	7 400	7 400	
费用分配率	25	14	13	
完工产品成本	162 500	91 000	84 500	338 000
月末在产品成本	22 500	12 600	11 700	46 800

表 8－14　　**产品成本计算单**

产品名称：乙产品　　完工产品：3200　　在产品 800　　完工程度；40%

2015 年 5 月　　单位：元

项　目	直接材料	直接人工	制造费用	合计
月初在产品成本	61 760	29 480	27 318.5	118 558.5
本月生产费用	67 040	55 000	43 081.5	165 121.5
生产费用合计	128 800	84 480	70 361.5	283 680
完工产品数量	3 200	3 200	3 200	
月末在产品数量	800	800	800	
在产品完工程度	100%	40%	40%	
在产品约当产量	800	320	320	
约当总产量	4 000	3 520	3 520	
费用分配率	32.2	24	20	
完工产品成本	103 040	76 800	64 000	243 840
月末在产品成本	25 760	7 680	6 400	39 840

（13）结转完工产成品成本。

编制完工产品成本汇总表，如表 8－15 所示。

表 8－15　　**完工产品成本汇总表**

2015 年 5 月　　单位：元

产品	产量	完工产品总成本				完工产品单位成本
		直接材料	直接人工	制造费用	合计	
甲产品	6 500	162 500	91 000	84 500	338 000	52 元/件
乙产品	3 200	103 040	76 800	64 000	243 840	76.2 元/件
合　计						

账务处理

（1）借：基本生产成本——甲产品　　104 100

　　　　　　　　——乙产品　　67 040

　　　辅助生产成本　　9 000

　　　制造费用　　19 380

　　　贷：原材料　　　199 520

（2）借：基本生产成本——甲产品　　45 000

　　　　　　　　——乙产品　　55 000

　　　辅助生产成本　　8 000

制造费用　　16 000

管理费用　　10 000

贷：应付职工薪酬　　134 000

（3）借：基本生产成本——甲产品　　5 400

——乙产品　　6 600

辅助生产成本　　1 200

制造费用　　1 100

管理费用　　700

贷：应付账款　　15 000

（4）借：制造费用　　5 800

辅助生产成本　　1 200

管理费用　　1 000

贷：累计折旧　　8 000

（5）借：制造费用　　4 020

辅助生产成本　　400

管理费用　　380

贷：银行存款　　4 800

（6）借：制造费用　　2 600

辅助生产成本　　1 600

管理费用　　800

贷：银行存款　　5 000

（7）辅助生产成本 = 9 000 + 8 000 + 1 200 + 1 200 + 400 + 1 600 = 21 400

分配率 = 21 400/8 600 = 2. 488 4

借：制造费用　　17 430

管理费用　　3 970

贷：辅助生产成本　　21 400

（8）制造费用 = 193 80 + 16 000 + 1 100 + 5 800 + 4 020 + 2 600 + 17 430 = 66 330

分配率 = 66 330/（9 000 + 11 000） = 3. 316 5

借：生产成本—基本生产成本——甲产品　　22 005

——乙产品　　26 895

贷：制造费用　　48 900

（9）借：库存商品——甲产品　　338 000

——乙产品　　243 840

贷：生产成本—基本生产成本——甲产品　　　338 000
　　　　　　　　　　　　　——乙产品　　　243 840

六、简答题

略

第九章　产品成本计算的分批法

一、名称解释

略

二、单项选择题

1. A　2. D　3. B　4. C　5. B　6. C　7. B　8. C　9. B　10. B　11. B　12. A　13. C　14. A　15. C　16. D　17. C　18. B　19. C　20. C

三、多项选择题

1. ABCD　2. ABC　3. ABC　4. AB　5. ABC　6. ABD　7. ACD　8. ACD　9. ABCD　10. ABC　11. AC　12. ABC　13. ABCD　14. AC　15. ABC　16. ABCD　17. AC

四、判断题

1. ×　2. √　3. ×　4. √　5. ×　6. ×　7. √　8. √　9. ×　10. ×　11. ×　12. ×　13. √　14. √　15. √　16. ×　17. ×　18. √　19. ×　20. √　21. √　22. √

五、计算题

（一）（1）采用分批法计算本月完工产品总成本和单位成本，并编制生产成本明细账。

（2）编制有关结转完工产品总成本的会计分录。

（1）

表 9－1　　　　生产成本明细账

批号：502　　投产批量：60　　投产日期：5 月 10 日

产品名称：　A 产品　完工批量：60 件　完工日期：6 月 22 日　　单位：元

年		摘　要	直接材料	直接人工	制造费用	合计
月	日					
		月初在产品成本	51 500	13 600	900	66 000
		本月发生生产费用		18 000	9 000	27 000
		生产费用合计	51 500	31 600	9 900	93 000
		完工产品总成本	51 500	31 600	9 900	93 000
		完工产品单位成本	858. 33	526. 67	165	1 550

表 9-2　　生产成本明细账

批号：601　投产批量：30　投产日期：6月1日

产品名称：B产品　完工批量：25件　完工日期：　月　日　单位：元

年		摘　要	直接材料	直接人工	制造费用	合计
月	日					
		本月发生生产费用	39 000	27 500	4 125	70 625
		生产费用合计	39 000	27 500	4 125	70 625
		费用分配率	1 300	1 000	150	2 450
		完工产品总成本	32 500	25 000	3 750	61 250
		完工产品单位成本	1 300	1 000	150	2 450
		月末在产品成本	6 500	2 500	375	9 375

表 9-3　　生产成本明细账

批号：602　投产批量：10　投产日期：6月20日

产品名称：C产品　完工批量：0件　完工日期：　月　日　单位：元

年		摘　要	直接材料	直接人工	制造费用	合计
月	日					
		本月发生生产费用	30 000	20 000	6 000	56 000
		生产费用合计	30 000	20 000	6 000	56 000
		月末在产品成本	30 000	20 000	6 000	56 000

表 9-4　　完工产品成本汇总表

年　月　单位：元

成本项目	A产品（产量　件）		B产品（产量　件）	
	总成本	单位成本	总成本	单位成本
直接材料	51 500	858.33	32 500	1 300
直接人工	31 600	526.67	35 000	1 000
制造费用	9 900	165	3 750	150
合　计	93 000	1 550	61 250	2 450

（2）略。

（二）（1）采用分批法计算本月完工产品总成本和单位成本，并编制生产成本明细账。

（2）编制有关结转完工产品总成本的会计分录。

（1）

表 9－5　　　　生产成本明细账

产品批号：1001　　投产日期：2015 年 9 月　　投产批量：10 台

产品名称：甲产品　　完工日期：2015 年 9 月　　完工批量：8 台　　单位：元

年		摘　　要	直接材料	直接人工	制造费用	合计
月	日					
		本月生产费用	33 600	18 000	27 000	78 600
		生产费用合计	33 600	18 000	27 000	78 600
		完工产品成本	26 880	16 000	24 000	66 880
		完工产品单位成本	3 360	2 000	3 000	8 360
		月末在产品成本	6 720	2 000	3 000	11 720

表 9－6　　　　生产成本明细账

产品批号：1002　　投产日期：2015 年 9 月　　投产批量：50 台

产品名称：乙产品　　完工日期：2015 年 9 月　　完工产量：0 台　　单位：元

年		摘　　要	直接材料	直接人工	制造费用	合计
月	日					
		本月生产费用	100 500	13 200	11 000	124 700
		生产费用合计	100 500	13 200	11 000	124 700
		月末在产品成本	100 500	13 200	11 000	124 700

表 9－7　　　　生产成本明细账

产品批号：1003　　投产日期：2015 年 8 月　　投产批量：20 台

产品名称：丙产品　　完工日期：2015 年 9 月　　完工批量：5 台　　单位：元

年		摘　　要	直接材料	直接人工	制造费用	合计
月	日					
		月初在产品成本	12 000	10 600	20 400	43 000
		本月生产费用	38 000	24 500	30 200	92 700
		生产费用合计	50 000	35 100	50 600	135 700
		完工产品成本	9 500	9 000	12 500	31 000
		完工产品单位成本	1 900	1 800	2 500	6 200
		月末在产品成本	40 500	26 100	38 100	104 700

（2）借：库存商品——1001 甲产品　　66 880

　　　　　　　——1003 丙产品　　31 000

　　贷：基本生产成本——1001 甲产品　　66 880

——1003 丙产品 31 000

（三）【要求】

（1）编制有关会计分录。

借：基本生产成本——501 号丙产品 150 000
　　制造费用 20 000
　　贷：原材料 170 000

借：基本生产成本——301 号甲产品 16 000
　　　　　　　　——401 号乙产品 14 000
　　　　　　　　——501 号丙产品 6 000
　　制造费用 6 000
　　管理费用 12 000
　　贷：应付职工薪酬 54 000

借：基本生产成本——301 号甲产品 8 000
　　　　　　　　——401 号乙产品 7 000
　　　　　　　　——501 号丙产品 3 000
　　制造费用 1 000
　　管理费用 2 000
　　贷：应付账款 21 000

借：制造费用 36 000
　　管理费用 18 000
　　贷：累计折旧 54 000

制造费用＝20 000＋6 000＋1 000＋36 000＝63 000

分配率＝63 000/（800＋700＋300）＝35

甲产品的制造费用＝35×800＝28 000

乙产品的制造费用＝35×700＝24 500

丙产品的制造费用＝35×300＝10 500

甲产品的完工成本＝100 000＋21 000＋38 000＋16 000＋8 000＋28 000＝211 000

借：库存商品——301 号甲产品 211 000
　　　　　　——401 号乙产品 108 669
　　贷：基本生产成本——301 号甲产品 227 448
　　　　　　　　　　——401 号乙产品 108 669

（2）采用分批法计算本月完工产品总成本和单位成本，并编制生产成本明细账。

表 9－8　　职工薪酬费用分配表

2015 年 9 月　　单位：元

应借科目		直接计入金额	分配计入金额			合计
			生产工时（小时）	分配率	分配金额	
基本生产成本	301 甲产品		800	20 元/小时	16 000	16 000
	401 乙产品		700		14 000	14 000
	501 丙产品		300		6 000	6 000
	小计		1 800		36 000	36 000
制造费用		6 000				6 000
管理费用		12 000				12 000
合计		18 000			36 000	54 000

表 9－9　　外购动力费用分配表

2015 年 9 月　　单位：元

应借科目		直接计入金额	分配计入金额			合计
			生产工时（小时）	分配率	分配金额	
基本生产成本	301 甲产品		800	10 元/小时	8 000	8 000
	401 乙产品		700		7 000	7 000
	501 丙产品		300		3 000	3 000
	小计		1 800		18 000	18 000
制造费用		1 000				1 000
管理费用		2 000				2 000
合计		3 000			18 000	21 000

表 9－10　　制造费用明细账

2015 年 9 月　　单位：元

2015 年		凭证号数	摘　　要	机物料	职工薪酬	电费	折旧费	办公费	合计
月	日								
9	31		分配材料	20 000					
			分配工资		6 000				
			外购动力			1 000			
			计提折旧				36 000		
			本月合计	20 000	6 000	1 000	36 000		63 000
			本月分配转出	－20 000	－6 000	－1 000	－73 000		－63 000

表 9－11　　制造费用分配表

2015 年 9 月　　单位：元

应借账户		生产工时（小时）	分配率	分配额
基本生产成本	301 甲产品	800	35	28 000
	401 乙产品	700		24 500
	501 丙产品	300		10 500
合计		1 800		63 000

表 9－12　　产品成本计算单

产品批号：08301　　产品名称：甲产品　　产品批量：

投产日期：8 月 5 日　　完工日期：9 月 29 日　　完工数量：100

2015 年 9 月　　单位：元

项　目	直接材料	直接人工	制造费用	合计
月初在产品成本	100 000	21 000	38 000	159 000
本月生产费用合计		16 000	36 000	52 000
生产费用合计	100 000	37 000	74 000	211 000
完工产品总成本	100 000	37 000	74 000	211 000
完工产品单位成本	1 000	370	740	2 110

表 9－13　　产品成本计算单

产品批号：401　　产品名称：乙产品　　产品批量：

投产日期：8 月 5 日　　完工日期：9 月 26 日　　完工数量：6

2015 年 9 月　　单位：元

项　目	直接材料	直接人工	制造费用	合计
月初在产品成本	70 000	26 000	3 000	99 000
本月生产费用合计		14 000	31 500	45 500
生产费用合计	70 000	40 000	34 500	144 500
本月完工产品数量	6	6	6	
月末在产品数量	4	4	4	
月末在产品完工程度	100%	50%	50%	
月末产品约产量	4	2	2	
约当总产量	10	8	8	
费用分配率	7 000	5 000	4 312.5	16 312.5
本月完工产品成本	42 000	30 000	25 875	97 875
月末在产品成本	28 000	10 000	8 625	46 625

表 9－14　　产品成本计算单

产品批号：501　　产品名称：丙产品　　产品批量：

投产日期：9 月 8 日　　完工日期：　　完工数量：

2015 年 9 月　　单位：元

项　目	直接材料	直接人工	制造费用	合计
月初在产品成本				
本月生产费用合计	150 000	6 000	19 668	175 668

表 9－15　　完工产品成本汇总表

2015 年 9 月　　单位：元

批次	产品	产量	完工产品总成本				完工产品单位成本
			直接材料	直接人工	制造费用	合计	
301	甲产品	100	100 000	37 000	74 000	211 000	2 110
401	乙产品	6	42 000	30 000	25 875	97 875	16 312.5
合计			142 000	67 000	99 875	308 875	

（四）

表 9－16　　基本生产成本二级账

2015 年 8 月　　单位：元

2015 年		摘　要	直接材料	生产工时	直接人工	制造费用	成本合计
月	日						
7	31	月末在产品成本	51 000	5 120	76 800	51 200	179 000
8	31	本月发生费用	24 000	9 180	209 200	163 300	396 500
8	31	累计生产费用	75 000	14 300	286 000	214 500	575 500
8	31	累计间接费用分配率			20	15	
8	31	完工产品成本	33 000	6 500	130 000	97 500	260 500
8	31	月末在产品成本	42 000	7 800	156 000	117000	315 000

表 9－17　　基本生产成本明细账

产品批号：301　　产品名称：　　产品批量：

投产日期：　　完工日期：　　完工数量：

2015 年 8 月　　单位：元

2010 年		摘　要	直接材料	生产工时	直接人工	制造费用	成本合计
月	日						
7	31	月末累计	15 000	1 120			
8	31	本月发生	12 000	1 880			
8	31	月末累计	27 000	3 000			
8	31	累计间接费用分配率			20	15	
8	31	完工产品成本	27 000	3 000	60 000	45 000	132 000
8	31	完工产品单位成本	1 800		4 000	3 000	8 800

表 9－18　　基本生产成本明细账

产品批号：302　　产品名称：　　产品批量：

投产日期：　　完工日期：　　完工数量：

2015 年 8 月　　单位：元

2010 年		摘　要	直接材料	生产工时	直接人工	制造费用	成本合计
月	日						
7	31	月末累计	36 000	4 000			
8	31	本月发生费用		6 000			
8	31	月末累计		10 000			
8	31	累计间接费用分配率			20	15	
8	31	完工产品成本	6 000	3 500	70 000	52 500	128 500
8	31	完工产品单位成本	3 000		35 000	26 250	64 250
8	31	月末在产品余额	3 000	6 500			

表 9－19　　基本生产成本明细账

产品批号：303　　产品名称：　　产品批量：

投产日期：　　完工日期：　　完工数量：

2015 年 5 月　　单位：元

2015 年		摘　要	直接材料	生产工时	直接人工	制造费用	成本合计
月	日						
8	31	月末累计	12 000	1 300			

六、简答题

略

第十章　产品成本计算的分步法

一、名词解释

略

二、单项选择题

1. A　2. C　3. A　4. A　5. D　6. B　7. A　8. C　9. A　10. D　11. C　12. A　13. D　14. C　15. C　16. C　17. A　18. D　19. B　20. B　21. A　22. A　23. D　24. A　25. B　26. A

三、多项选择题

1. ABC　2. AB　3. AD　4. BC　5. BCD　6. AD　7. BC　8. CD　9. ABC　10. BD　11. ABD　12. ABC　13. ABCD　14. ABCD　15. AB　16. AC　17. AB　18. ABCD　19. ABC　20. BC

四、判断题

1. ×　2. ×　3. √　4. √　5. ×　6. ×　7. √　8. ×　9. √　10. ×　11. √　12. ×　13. √　14. ×　15. ×　16. √　17. √　18. √　19. √　20. √　21. √　22. ×　23. √　24. √　25. ×　26. √

五、计算题

1.【要求】采用综合逐步结转分步法计算甲产品的生产成本，编制各生产步骤产品成本计算单，并编制完工甲产品成本结转的会计分录。

表 10－3　　第一步骤产品成本计算单

产品名称：　　2015 年 5 月　　单位：元

项　目	直接材料	直接人工	制造费用	合计
月初在产品成本	1 350	680	870	2 900
本月发生费用	86 650	43 320	47 130	177 100
生产费用合计	88 000	44 000	48 000	180 000
完工半成品数量（件）	72	72	72	
在产品约当产量（件）	16	8	8	
总约当产量（件）	88	80	80	
费用分配率（元/件）	1 000	550	600	
完工 A 半成品成本	72 000	39 600	43 200	154 800
月末在产品成本	16 000	4 400	4 800	25 200

表 10－4　　　　　第二步骤产品成本计算单

产品名称：　　　　　2015 年 5 月　　　　　单位：元

项　　目	半成品	直接人工	制造费用	合计
月初在产品成本	3 600	1 800	1 500	6 900
本月本步骤发生费用		80 200	76 400	156 600
本月上步骤转入费用	154 800			154 800
生产费用合计	158 400	82 000	77 900	318 300
完工半成品数量（件）	76	76	76	
在产品约当产量（件）	12	6	6	
总约当产量（件）	88	82	82	
费用分配率（元/件）	1 800	1 000	950	
完工 B 半成品成本	136 800	76 000	72 200	285 000
月末在产品成本	21 600	6 000	5 700	33 300

表 10－5　　　　　第三步骤产品成本计算单

产品名称：甲产品　　　　　2015 年 5 月　　　　　单位：元

项　　目	半成品	直接人工	制造费用	合计
月初在产品成本	3 100	2 000	2 100	7 600
本月本步骤发生费用		85 150	81 730	166 880
本月上步骤转入费用	285 000			285 000
生产费用合计	288 100	87 150	83 830	459 080
完工产品数量（件）	80	80	80	
在产品约当产量（件）	6	3	3	
总约当产量（件）	86	83	83	
费用分配率（元/件）	3 350	1 050	1 010	
完工甲产成品成本	268 000	84 000	80 800	432 800
月末在产品成本	20 100	3 150	3 030	26 280

借：库存商品——甲产品　　　　　432 800

　　贷：基本生产成本——甲产品　　　　　432 800

2. 目的：练习成本还原。

【资料】根据上题所计算的完工甲产品成本，采用产品成本项目比重还原法进行成本还原。

要求：计算填写甲产品成本还原计算表。

表 10－6　　产成品成本还原计算表

产品：甲产品　　××年×月　　单位：元

成本项目	第一步骤半成品		第二步骤半成品		第三步骤产成品			原始成本项目合计	还原后的单位成本
	成本	成本项目比重（%）	成本	成本项目比重（%）	成本	还原成第二步	再还原为第一步		
B 半成品					268 000				
A 半成品			136 800	48		128 640			
直接材料	72 000	46.51					59 830.46	59 830.46	747.88
直接人工	39 600	25.58	76 000	26.67	84 000	71 475.6	32 906.11	188 381.71	2 354.77
制造费用	43 200	27.91	72 200	25.33	80 800	67 884.4	35 903.43	184 587.83	2 307.35
合计	154 800	100	285 000	100	432 800	268 000	128 640	432 800	5 410

3.【要求】计算填写产品成本计算单和自制半成品明细账。

表 10－7　　第一、二车间产品成本资料

产品名称：B 半成品　　单位：元

车间	摘　　要	直接材料	直接人工	制造费用	合计
第一车间	月初在产品定额成本	5 000	2 600	2 300	9 900
	本月生产费用	15 300	20 700	10 000	46 000
	月末在产品定额成本	4 800	2 500	2 100	9 400
第二车间	月初在产品定额成本	6 000	2 800	2 500	11 300
	本月生产费用		19 900	15 300	35 200
	月末在产品定额成本	6 200	2 920	2 610	11 730

表 10－8　　自制半成品明细账

半成品名称：甲半成品　　单位：元

月份	月初余额		本月增加		合计			本月减少	
	数量	实际成本	数量	实际成本	数量	实际成本	单位成本	数量	实际成本
5	500	9 500	2 500	46 500	3 000	56 000	18.67	2 600	48 542
6			—	—	—	—	—	—	—

表 10－9　　　　第一车间产品成本计算单

产品名称：甲半产品　　　　单位：元

摘　　要	直接材料	直接人工	制造费用	合计
月初在产品定额成本	5 000	2 600	2 300	9 900
本月生产费用	15 300	20 700	10 000	46 000
生产费用合计	20 300	23 300	12 300	55 900
完工产品成本	15 500	20 800	10 200	46 500
月末在产品定额成本	4 800	2 500	2 100	9 400

表 10－10　　　　第二车间产品成本计算单

产品名称：甲产品　　　　单位：元

摘　　要	直接材料	直接人工	制造费用	合计
月初在产品定额成本	6 000	2 800	2 500	11 300
本月生产费用	48 542	19 900	15 300	83 742
生产费用合计	54 542	22 700	17 800	95 042
完工产品成本	48 342	19 780	15 190	83 312
月末在产品定额成本	6 200	2 920	2 610	11 730

4.

表 10－13　　　　第一车间产品成本计算单

产品名称：A 半成品　　　　2015 年 5 月　　　　完工程度：50%

完工产品：　　件　　　　在产品：　　件　　　　单位：元

项　　目	直接材料	直接人工	制造费用	合计
月初在产品成本	160 000	8 000	24 000	192 000
本月本步骤发生生产费用	440 000	47 000	141 000	628 000
生产费用合计	600 000	55 000	165 000	820 000
本月完工 A 半成品数量	5 000	5 000	5 000	
月末在产品数量	1 000	1 000	1 000	
月末在产品完工程度（%）	100	50	50	
月末在产品约当产量	1 000	500	500	
约当总产量	6 000	5 500	5 500	
费用分配率（元/件）	100	10	30	
本月完工 A 半成品成本	500 000	50 000	150 000	700 000
月末在产品成本	100 000	5 000	15 000	120 000

表 10－14　　第二车间产品成本计算单

产品名称：B 半成品　　2015 年 5 月　　完工程度：50%

完工产品：　件　　在产品：　件　　单位：元

项　目	直接材料		直接人工		制造费用		合计	
	上步骤转入	本步骤发生	上步骤转入	本步骤发生	上步骤转入	本步骤发生	上步骤转入	本步骤发生
月初在产品成本	20 000		2 000	5 000	6 000	7 000	28 000	12 000
本月本步骤发生生产费用				225 000		315 000		540 000
本月上步骤转入生产费用	500 000		50 000		150 000		700 000	
生产费用合计	520 000		52 000	230 000	156 000	322 000	728 000	552 000
本月完工 B 半成品数量	4 000		4 000	4 000	4 000	4 000		
月末在产品数量	1 200		1 200	1 200	1 200	1 200		
月末在产品完工程度（%）	100		100	50	100	50		
月末在产品约当产量	1 200		1 200	600	1 200	600		
约当总产量	5 200		5 200	4 600	5 200	4 600		
费用分配率（元/件）	100		10	50	30	70		
本月完工 B 半成品成本	400 000		40 000	200 000	120 000	280 000	560 000	480 000
月末在产品成本	120 000		12 000	30 000	36 000	42 000	168 000	72 000

表 10－15　　自制半成品明细账

产品：B 半成品　　2015 年 5 月　　单位：元

××年		凭证号数	摘要	数量	金额合计	其中		
月	日					直接材料	直接人工	制造费用
		略	月初余额	1 000	375 000	100 000	200 000	75 000
			本月入库	4 000	1 040 000	400 000	240 000	400 000
			本月领用	4 300	1 216 900	430 000	378 400	408 500
			月末结存	700	198 100	70 000	61 600	66 500

表 10－16　　　　第三车间产品成本计算单

产品名称：甲产品　　　　2015 年 5 月　　　　完工程度：50%

完工产品：　件　　　　在产品：　件　　　　单位：元

项　目	直接材料		直接人工		制造费用		合计	
	上步骤转入	本步骤发生	上步骤转入	本步骤发生	上步骤转入	本步骤发生	上步骤转入	本步骤发生
月初在产品成本	83 000		161 600	14 000	77 500	28 000	322 100	42 000
本月本步骤发生生产费用				88 000		176 000		264 000
本月上步骤转入生产费用	430 000		378 400		408 500		1 216 900	
生产费用合计	513 000		540 000	102 000	486 000	204 000	1 845 000	
本月完工产品数量	4 800		4 800	4 800	4 800	4 800		
月末在产品数量	600		600	600	600	600		
月末在产品完工程度（%）	100		100	50	100	50		
月末在产品约当产量	600		600	300	600	300		
约当总产量	5 400		5 400	5 100	5 400	5 100		
费用分配率（元/件）	95		100	20	90	40		
本月完工产品成本	456 000		480 000	96 000	432 000	192 000	1 656 000	
月末在产品成本	57 000		60 000	6 000	54 000	12 000	171 000	18 000

会计分录：

借：自制半成品——B 半成品　　1 040 000

　　贷：生产成本——基本生产成本——第二车间（B 半成品）　　1 040 000

借：生产成本——基本生产成本——第三车间（甲产品）　　1 216 900

　　贷：自制半成品——B 半成品　　1 216 900

借：库存商品——甲产品　　1 656 000

　　贷：生产成本—基本生产成本——第三车间（甲产品）　　1 656 000

5.

表 10－19　　　　各生产步骤约当产量计算表

摘　要	直接材料	直接人工	制造费用
第一车间步骤的约当总产量	290（170＋40＋50＋30）	270	270
第二车间步骤的约当总产量	250	225	225
第三车间步骤的约当总产量	200	185	185

表 10－20　　第一车间产品成本计算单

产品名称：C 产品（A 半成品）　　单位：元

摘　　要	直接材料	直接人工	制造费用	合计
月初在产品成本	6 000	6 000	5 000	17 000
本月发生费用	23 000	8 850	8 500	40 350
合计	29 000	14 850	13 500	57 350
第一步骤的约当总产量	290	270	270	
分配率	100	55	50	
应计入产成品成本的份额	17 000	9 350	8 500	34 850
月末在产品成本	12 000	5 500	5 000	22 500

表 10－21　　第二车间产品成本计算单

产品名称：C 产品（B 半成品）　　单位：元

摘　　要	直接人工	制造费用	合计
月初在产品成本	9 000	7 000	16 000
本月发生费用	16 875	16 625	33 500
合计	25 875	23 625	49 500
第二步骤约当总产量	225	225	
分配率	115	105	
应计入产成品成本的份额	19 550	17 850	37 400
月末在产品成本	6 325	5 775	12 100

表 10－ 22　　第三车间产品成本计算单

产品名称：C 产品　　单位：元

摘　　要	直接人工	制造费用	合计
月初在产品成本	10 500	9 800	20 300
本月发生费用	22 800	19 800	42 600
合计	33 300	29 600	62 900
第三步骤约当总产量	185	185	
分配率	180	160	
应计入产成品成本的份额	30 600	27 200	57 800
月末在产品成本	2 700	2 400	5 100

表 10－23　　产品成本汇总计算表

产品名称：C 产品　　单位：元

项目	数量	直接材料	直接人工	制造费用	总成本	单位成本
第一车间		17 000	9 350	8 500	34 850	205
第二车间			19 550	17 850	37 400	220
第三车间			30 600	27 200	57 800	340
合计	170	17 000	59 500	53 550	130 050	765

6.

表 10－26　　第一车间产品成本计算单

半成品名称：A 部件　　完工产品：1 000 件　　在产品：200 件　　完工程度：50%

2015 年 8 月　　单位：元

项　　目	直接材料	直接人工	制造费用	合计
月初在产品成本	60 000	38 000	18 000	116 000
本月本步骤发生生产费用	120 000	105 000	103 000	328 000
生产费用合计	180 000	143 000	121 000	444 000
本月完工半成品数量	1 000	1 000	1 000	
月末在产品数量	200	200	200	
月末在产品完工程度	100%	50%	50%	
月末在产品约当产量	200	100	100	
约当总产量	1 200	1 100	1 100	
费用分配率（元/件）	150	130	110	
应计入产成品成本的份额	150 000	130 000	110 000	390 000
月末在产品成本	30 000	13 000	11 000	54 000

表 10－27　　第二车间产品成本计算单

半成品名称：B 部件　　完工产品：5 000 件　　在产品：200 件　　完工程度：50%

2015 年 8 月　　单位：元

项　　目	直接材料	直接人工	制造费用	合计
月初在产品成本	70 000	35 000	20 000	125 000
本月本步骤发生生产费用	554 000	143 500	107 500	805 000
生产费用合计	624 000	178 500	127 500	930 000
本月完工半成品数量	5 000	5 000	5 000	

续表

项　目	直接材料	直接人工	制造费用	合计
月末在产品数量	200	200	200	
月末在产品完工程度	100%	50%	50%	
月末在产品约当产量	200	100	100	
约当总产量	5 200	5 100	5 100	
费用分配率（元/件）	120	35	25	
应计入产成品成本的份额	600 000	175 000	125 000	900 000
月末在产品成本	24 000	3 500	2 500	30 000

表 10－28　　　　第三车间产品成本计算单

产成品名称：甲产品　　完工产品：1 000 件　　在产品：100 件　　完工程度：80%

2015 年 8 月　　　　单位：元

项　目	直接材料	直接人工	制造费用	合计
月初在产品成本		20 000	15 000	35 000
本月本步骤发生生产费用		66 400	22 800	89 200
生产费用合计		86 400	37 800	124 200
本月完工产品数量		1 000	1 000	
月末在产品数量		100	100	
月末在产品完工程度		80%	80%	
月末在产品约当产量		80	80	
约当总产量		1 080	1 080	
费用分配率（元/件）		80	35	
应计入产成品成本的份额		80 000	35 000	115 000
月末在产品成本		6 400	2 800	9 200

表 10－29　　　　产品成本汇总计算表

产品名称：甲产品　　产量：1 000 件　　2015 年 8 月　　单位：元

项　目	直接材料	直接人工	制造费用	合计
第一步骤计入产成品成本的份额	150 000	130 000	110 000	390 000
第二步骤计入产成品成本的份额	600 000	175 000	125 000	900 000
第三步骤计入产成品成本的份额		80 000	35 000	115 000
总成本	750 000	385 000	270 000	1 405 000
单位成本（元/件）	750	385	270	1 405

借：库存商品——甲产品　　　　1 405 000

　贷：基本生产成本——第一步骤　　　　390 000

　　　　　　　　　——第二步骤　　　　900 000

　　　　　　　　　——第三步骤　　　　115 000

7.

表 10－32　　第一车间产品成本计算单

产品名称：A 半成品　　完工产品：600 件　　在产品：50 件　　完工程度：60%

2015 年 7 月　　单位：元

项　目	直接材料	直接人工	制造费用	合计
月初在产品成本	65 000	32 000	24 500	121 500
本月本步骤发生生产费用	260 000	43 600	44 800	348 400
生产费用合计	325 000	75 600	69 300	469 900
本月完工产品数量	600	600	600	
月末在产品数量	50	50	50	
月末在产品完工程度	100%	60%	60%	
月末在产品约当产量	50	30	30	
约当总产量	650	630	630	
费用分配率（元/件）	500	120	110	
本月完工 A 半成品成本	300 000	72 000	66 000	438 000
月末在产品成本	25 000	3 600	3 300	31 900

表 10－33　　第二车间产品成本计算单

产品名称：B 半成品　　完工产品：650 件　　在产品：30 件　　完工程度：50%

2015 年 7 月　　单位：元

项　目	直接材料	直接人工	制造费用	合计
月初在产品成本	53 600/	16 400/24 850	5 400/11 000	75 400/35 850
本月本步骤发生生产费用		/35 000	/52 175	/87 175
本月上步骤转入生产费用	300 000/	72 000/	66 000/	438 000/
生产费用合计	353 600/	88 400/59 850	71 400/63 175	513 400/123 025
本月完工产品数量	650	650/650	650/650	
月末在产品数量	30	30/30	30/30	
月末在产品完工程度	100%	100%/50%	100%/50%	
月末在产品约当产量	30	30/15	30/15	

续表

项　　目	直接材料	直接人工	制造费用	合计
约当总产量	680	680/665	680/665	
费用分配率（元/件）	520	130/90	105/95	
本月完工 B 半成品成本	338 000	84 500/58 500	68 250/61 750	611 000
月末在产品成本	15 600/	3 900/1 350	3 150/1 425	22 650/2 775

表 10－34　　　　第三车间产品成本计算单

产品名称：甲产品　　完工产品：700 件　　在产品：50 件　　完工程度：80%

2015 年 7 月　　　　单位：元

项　　目	直接材料	直接人工	制造费用	合计
月初在产品成本	37 000/	29 500/5 800	20 000/5 700	86 500/11 500
本月本步骤发生生产费用		/46 000	/35 000	/81 000
本月领用半成品成本	338 000/	143 000/	130 000/	611 000/
生产费用合计	375 000/	172 500/51 800	150 000/40 700	697 500/92 500
本月完工产品数量	700/	700/700	700/700	
月末在产品数量	50/	50/50	50/50	
月末在产品完工程度	100%	100%/80%	100%/80%	
月末在产品约当产量	50	50/40	50/40	
约当总产量	750	750/740	750/740	
费用分配率（元/件）	500	230/70	200/55	
本月完工甲产品成本	350 000/	161 000/49 000	140 000/38 500	738 500
月末在产品成本	25 000/	11 500/2 800	10 000/2 200	46 500/5 000

会计分录：

借：基本生产成本——第二车间（甲产品）　　438 000

　　贷：基本生产成本——第一车间（A 半成品）　　438 000

借：基本生产成本——第三车间（甲产品）　　611 000

　　贷：基本生产成本——第二车间（B 半成品）　　611 000

借：库存商品——甲产品　　738 500

　　贷：基本生产成本——第三车间（甲产品）　　738 500

六、简答题

略

第十一章　产品成本计算的辅助方法

一、名词解释

略

二、单项选择题

1. A　2. B　3. C　4. B　5. A　6. B　7. B　8. C　9. D　10. C

三、多项选择题

1. ABCD　2. ABCD　3. AB　4. CD　5. AB　6. CD　7. BCD　8. ABCD　9. ACD　10. BCD

四、判断题

1. √　2. ×　3. √　4. √　5. √ 6. ×　7. × 8. √ 9. ×　10. √

五、计算题

1. （1）产品用料系数表如下：

表 11－1　原材料费用系数表

产品名称	单位产品定额消耗量（千克）	原材料费用系数
甲	19.2	19.2 ÷ 16 = 1.2
乙标准产品	16	1
丙	12.8	12.8 ÷ 16 = 0.8

（2）

表 11－2　产品成本明细账

×类　20××年 8 月

项　目	产量（件）	用料系数		工时定额	直接材料	直接人工	制造费用	合计
		单件系数	总系数					
月初在产品					14 600	3 000	7 500	25 100
本月费用					130 200	25 040	53 300	208 540
累计					144 800	28 040	60 800	233 640
产成品总成本			7 680	93 000	134 400	26 040	55 800	216 240
分配率					17.5	0.28	0.6	—
产成品成本分配：甲	3 000	1.2	3 600	36 000	63 000	10 080	21 600	94 680
乙	4 000	1	4 000	56 000	70 000	15 680	33 600	119 280
丙	100	0.8	80	1 000	1 400	280	600	2 280
月末在产品					10 400	2 000	5 000	17 400

上列图表说明如下：

①该类产成品总成本＝月初在产品定额成本＋本月费用－月末在产品定额成本

②工时定额＝产品实际产量×单位工时定额

甲产品工时定额＝3 000×12＝36 000

乙产品工时定额＝4 000×14＝56 000

丙产品工时定额＝100×10＝1 000

③产成品直接材料费用分配率＝$\frac{134\ 400}{7\ 680}$＝17.5

甲产品直接材料费用＝17.5×3 600＝63 000

乙产品直接材料费用＝17.5×4 000＝70 000

丙产品直接材料费用＝17.5×80＝1 400

④产成品直接人工费用分配率＝$\frac{26\ 040}{93\ 000}$＝0.28

甲产品直接人工费用＝0.28×36 000＝10 080

乙产品直接人工费用＝0.28×56 000＝15 680

丙产品直接人工费用＝0.28×1 000＝280

⑤产成品制造费用分配率＝$\frac{55\ 800}{93\ 000}$＝0.6

甲产品制造费用＝0.6×3 600＝21 600

乙产品制造费用＝0.6×5 600＝33 600

丙产品制造费用＝0.6×1 000＝600

2.（1）月末在产品的原材料定额费用＝（2 000－40＋48 000）－44 000＝5 960元

（2）完工产品的原材料实际费用的计算：

定额差异率＝(－100－1 000)/(44 000＋5 960）×100 ＝－2.2%

完工产品应负担的脱离定额差异＝44 000×（－2.2%）＝－968

月末在产品应负担的脱离定额差异＝－1 100－（－968）＝－132

本月应负担的材料成本差异＝（48 000－1 000）×（－1%）＝－470元

完工产品原材料实际费用＝44 000＋(－968)＋(－470)＋40＝42 602元

月末在产品原材料实际费用＝5 960＋(－132)＝5 828元

3.（1）计算完工产品定额成本。

（2）计算完工产品和月末在产品所耗材料的实际费用。

（1）完工产品定额成本＝（23 800－238）＋478 238－20 000

＝481 800（元）

（2）①计算完工产品和月末在产品应负担的脱离定额差异

$$定额差异率=\frac{1\ 190-6\ 208}{481\ 800+20\ 000}=-1\%$$

完工产品应负担的脱离定额差异 =481 800 ×（-1%）

=-4 818（元）

月末在产品应负担的脱离定额差异 =20 000 ×（-1%）

=-200（元）

② 月末在产品的实际成本 =20 000 -200 =19 800（元）

计算完工产品的实际成本

原材料成本差异 =（478 238 -6 208）×1%

=4 720.3（元）

完工产品实际成本 =481 800 -4 818 +238 +4 720.3

=481 940.3（元）

4.

单位：元

项　　目	直接材料	直接人工	制造费用	合计
月初在产品成本	800	240	360	1 400
本月生产费用	1 200	1 560	1 340	4 100
合计	2 000	1 800	1 700	5 500
成本项目比重	36.36%	32.73%	30.91%	100%
乙产品成本	363.6	327.3	309.1	1 000
甲产品成本	1 636.4	1 472.7	1 390.9	4 500

5. 定额变动差异：10 000 ×（1 -38/40）=500

月末在产品原材料定额费用：（10 000 -500）+50 000 -275 ×200 =4 500

月末在产品直接人工定额费用 3 000 +7 500 -47 ×200 =1 100

月末在产品制造费用定额费用 5 000 +32 000 -170 ×200 =3 000

$$原材料脱离定额差异率=\frac{-780-1\ 005}{55\ 000+4\ 500}=-3\%$$

完工产品应负担原材料脱离定额差异 55 000 ×（-3%）=-1 650

月末在产品应负担原材料脱离定额差异 4 500 ×（-3%）=-135

材料成本差异 =（50 000 -1 005）×（-1%）=-489.95

完工产品原材料实际费用 =55 000 +（-1 650）+（-489.9）+500 =53 360.05

月末在产品原材料实际费用 4 500 + （ -135） =4 365

直接人工脱离定额差异率 $=\frac{130+800}{9\ 400+1\ 100}=8.9\%$

完工产品人工差异：9 400 ×8.9% =836.6

月末在产品人工差异：930 -836.6 =93.4

完工产品直接人工实际费用 =9 400 +836.6 =10 236.6

月末在产品直接人工实际费用 =1 100 +93.4 =1 193.4

制造费用脱离定额差异率 $=\frac{-900+1\ 640}{34\ 000+3\ 000}=2\%$

完工产品制造费用差异：34 000 ×2% =680

月末在产品制造费用差异：3 000 ×2% =60

完工产品制造费用实际费用 34 000 +680 =34 680

月末在产品制造费用实际费用 3 000 +60 =3 060

完工产品总成本 =53 360.05 +10 236.6 +34 680 =98 276.65

月末在产品成本 4 365 +1193.4 +3 060 =8 618.4

六、简答题

略

第十二章　变动成本法、作业成本法和标准成本法

一、名词解释

略

二、单项选择题

1. C　2. D　3. B　4. C　5. D　6. B　7. A　8. D　9. A　10. D　11. A　12. A　13. C　14. C　15. B

三、多项选择题

1. AD　2. BC　3. AD　4. AB　5. ABC　6. CD　7. AD　8. CD　9. ACD　10. BCD　11. ABCD　12. BD　13. ABC　14. ACD

四、判断题

1. ×　2. ×　3. √　4. ×　5. √　6. ×　7. √　8. √　9. ×　10. √

五、计算题

1. 根据上述资料可断定，高点坐标为（130，700）；低点坐标（50，400）

$b=\frac{700-400}{130-50}=3.75$

$a=(700-3.75\times130)=212.5$

$y=212.5+3.75x$

$y=212.5+3.75\times140=737.5$

2. 变动成本法：

（1）单位产品成本 =10 +4 +5 =19

（2）期间成本：3 ×700 +2 000 +6 000 =10 100

（3）销售成本：700 ×19 =13 300

（4）营业利润：40 ×700 －（19 +3）×700 －（2 000 +6 000）=4 600

完全成本法：

（1）单位产品成本 =10 +4 +5 +6 000/1 000 =25

（2）期间成本：3 ×700 +2 000 =4 100

（3）销售成本：700 ×25 =17 500

（4）营业利润：40 ×700 －17 500 －4 100 =6 400

3.（1）

变动成本法损益表　　单位：元

项目＼期间	第一年	第二年	第三年	合计
营业收入	200 000	200 000	200 000	600 000
变动成本	90 000	90 000	90 000	270 000
边际贡献	110 000	110 000	110 000	330 000
固定成本：				
固定性制造费用	24 000	24 000	24 000	72 000
固定管理费用和销售费用	50 000	50 000	50 000	150 000
小计	74 000	74 000	74 000	222 000
营业利润	36 000	36 000	36 000	108 000

完全成本法损益表　　单位：元

项目＼期间	第一年	第二年	第三年	合计
营业收入	200 000	200 000	200 000	600 000
营业成本：				
期初存货成本	0	0	22 000	22 000
+ 当期产品成本：	114 000	132 000	96 000	342 000
－ 期末存货成本	0	22 000	0	22 000
营业成本	114 000	110 000	118 000	342 000
毛利	86 000	90 000	82 000	258 000
管理费用和销售费用	50 000	50 000	50 000	150 000
营业利润	36 000	40 000	32 000	108 000

（2）由上面的计算结果可以看到：

当产量等于销量，且无期初存货时，两种成本计算方法下计算的利润完全相同；

当产量大于销量，且无期初存货时，按变动成本法计算的利润小于按完全成本法计算的利润；

当产量小于销量，按变动成本法计算的利润大于按完全成本法计算的利润；

4.（1）乙产品标准工资率：420 000/21 000 = 20

直接人工标准成本：20 × 2 × 10 000 = 400 000

（2）直接人工成本差异：550 000 − 400 000 = 150 000

直接人工工资率差异：（550 000/25 000 − 20） × 25 000 = 50 000

直接人工效率差异：20 × （25 000 − 20 000） = 100 000

5.（1）变动性制造费用的成本差异 31 980 − 24 × 1 300 = 780

（2）计算变动性制造费用的效率差异 8 × （4 100 − 3 × 1 300） = 1 600

（3）计算变动性制造费用的分配率差异（31 980/4 100 − 8） × 4 100 = −820

（4）固定性制造费用的预算差异 3 000 = −1 500 + 600 + x

$x = 3\ 900$

六、简答题

略

第十三章　成本报表与成本分析

一、名词解释

略

二、单项选择题

1. B　2. D　3. C　4. D　5. D　6. A　7. A　8. A　9. A　10. A　11. D　12. D　13. D　14. C　15. A

三、多项选择题

1. ABCD　2. AD　3. BCD　4. BC　5. ABC　6. AB　7. BCD　8. AB　9. ABCD　10. AD　11. ABC

四、判断题

1. √　2. ×　3. √　4. ×　5. √　6. √　7. ×　8. ×　9. √　10. ×　11. √　12. √　13. ×　14. ×　15. √

五、计算题

1.

各因素变化对材料费用总额变动的影响程度为：

计划指标 =118 ×5 ×3 =1 770（元）

第一次替代 =133 ×5 ×3 =1 995（元）

增加 225 元，由于产量增加

第二次替代 =133 ×4 ×3 =1 596（元）

减少 399 元，由于材料节约

第三次替代 =133 ×4 ×5 =2 660（元）

增加 1 064 元，由于材料单价提高

合计：225 −399 +1 064 =890 元

2.

各因素变化对差异的影响程度计算如下：

产量增加产生的影响 =（130 − 110）×5 ×3 =300（元）

材料单耗降低产生的影响 =130 ×（4 − 5）×3 = −390（元）

材料价格上升产生的影响 =130 ×4 ×（5 − 3）=1 040（元）

综合各因素变动的影响程度 =300 −390 +1 040 =950（元）

3. 本年度制造费用总额实际比计划节约了 3 820 元，本年度降低成本费用任务完成得较好。

4. 根据上表资料，材料费用总额实际值较计划值增加了 1 240 元。运用连环替代法，可以计算各因素变动对材料费用总额的影响方向和程度如下：

计划值 100 ×8 ×10 =8 000（元）（1）

第一次替代（产品产量因素）110 ×8 ×10 =8 800（元）（2）

增加了 800 元，因为产量增加。

第二次替代（单位材料消耗量因素）110 ×7 ×10 =7 700（元）（3）

减少了 1 100 元，因为单位材料消耗量减少。

第三次替代（材料单价因素）110 ×7 ×12 =9 240（元）（4）

增加了 1 540 元，因为材料单价增加。

合计：800 −1 100 +1 540 =1 240（元）

5. 由于产量变化对材料费用的影响 =（200 −250）×48 ×9 = −21 600（元）

由于材料单耗变动对材料费用的影响 =200 ×（50 −48）×9 =3 600（元）

由于材料单价变动对材料费用的影响 =200 ×50 ×（10 −9）=10 000（元）

各因素变动对材料费用的影响 = −21 600 +3 600 +10 000 = −8 000（元）

6.

成本对比分析表

201×年×月

项　　目	本年计划成本	本年实际成本	成本差异额	成本差异率
A 产品	100 000	980 000	－20 000	－2%
B 产品	2 500 000	2 600 000	100 000	4%
C 产品	3 800 000	4 000 000	200 000	5.26%
合　计	7 300 000	7 580 000	280 000	3.38%

六、简答题

略